dtv

Reihe Hanser

Mitten in der Nacht wird Mina von einem Krokodil in den Po gebissen. Dass der Biss einem Mückenstich zum Verwechseln ähnlich sieht, macht den Schrecken für Mina nicht kleiner. Da kann nur der Großvater helfen, nämlich mit einer Expedition gegen die Angst auf den Berg der drei Höhlen. Über Nacht. Und die Eltern der vier kleinen Enkel, die sich in Begleitung des Großvaters dem Abenteuer stellen, dürfen nichts davon wissen.

So eine Expedition muss gut vorbereitet sein, aber der Großvater hat da Erfahrung. Und hätte er sich nicht kurz vor dem Gipfel das Bein gebrochen, wäre auch alles glatt gegangen. So wird aus dem kleinen plötzlich ein großes Abenteuer. Am Ende geht natürlich alles gut – nur den Eltern wird der Großvater ein paar Dinge zu erklären haben …

Per Olov Enquist, geboren 1934, zählt zu den bedeutendsten Autoren Schwedens. ›Großvater und die Wölfe‹ ist sein erstes Kinderbuch. Geschrieben hat er es als Geschenk für seine (vier) Enkel.
Leonard Erlbruch, geboren 1984 in Wuppertal, studierte an der Hochschule für Grafik und Buchkunst in Leipzig. Er hat noch als Schüler dieses Buch illustriert.

Per Olov Enquist

Großvater und die Wölfe

Mit Illustrationen von
Leonard Erlbruch

Aus dem Schwedischen von
Wolfgang Butt

dtv

**Ausführliche Informationen über
unsere Autoren und Bücher
www.dtv.de**

Unterrichtsmaterial zu
»Großvater und die Wölfe«
zum kostenlosen Download
unter www.dtv.de

Per Olov Enquist in der *Reihe Hanser:*
Großvater und die Wölfe (dtv 62226)
Großvater und die Schmuggler (dtv 62541)

16. Auflage 2020
2005 dtv Verlagsgesellschaft mbH & Co. KG, München
© Per Olov Enquist 2003
Titel der Originalausgabe: ›De Tre Grottornas Berg‹
(Rabén & Sjögren, Stockholm)
Alle Rechte der deutschsprachigen Ausgabe:
Lizenzausgabe mit freundlicher Genehmigung der
Carl Hanser Verlag GmbH & Co. KG, München
© 2003 Carl Hanser Verlag GmbH & Co. KG, München
Umschlaggestaltung: Leonard Erlbruch
Gesetzt aus der Charlotte Sans 12/15˙
Gesamtherstellung: Druckerei C.H.Beck, Nördlingen
Gedruckt auf säurefreiem, chlorfrei gebleichtem Papier
Printed in Germany · ISBN 978-3-423-62226-4

Für
Cecilia Enquist, Marcus Enquist,
Mina Gilbertsson und Moa Gilbertsson,
die dabei waren und durchhielten,
und für das Landeskrankenhaus in Karlstad,
Värmlands Rettungsdienst
und die Polizei in Arvika
mit Dank für einen großartigen
Einsatz unter schwierigen
Verhältnissen.
P. O. E.

Eine schreckliche Nacht

1.

Also es war so.

Obwohl Mina sich nachher fast nicht mehr daran erinnerte, wie es angefangen hatte. Sie sagte, dass sie damals noch so klein gewesen sei und Angst bekommen habe. Danach hatte sie fast nie mehr solche Angst gehabt. Wie das zugegangen war, wusste sie nicht richtig. Großvater erinnerte sie manchmal daran. Dann sagte sie nur:

»Ja, aber das war doch im Früher. Da war ich doch noch so klein.«

Obwohl »im Früher« nur drei Wochen her war. Komisch, dass man in drei Wochen groß werden kann. Man kann es auch nicht.

Aber so fing es an.

Mina war sechs Jahre alt, sie hatte blonde Haare und grüne Augen und ein paar Jungen in der Vorschule fanden sie sehr süß, aber daraus machte sie sich nichts. Man muss alles ertragen, sogar Liebe, hatte ihre Mama, die Jenny hieß, gesagt. Aber eines Nachts, als Mina gerade eingeschlafen war, wurde sie von einem Krokodil in den Po gebissen.

Es war das erste Mal, dass Mina von einem Krokodil gebissen wurde, denn sie war erst sechs Jahre alt. Sie erwachte und spürte, dass es wehtat. Zuerst lag sie nur da und fühlte nach, wie weh es tat, ob es riesig wehtat oder nur ein bisschen weh oder ob es nötig war, zu brüllen wie verrückt, damit Papa oder Mama kamen. Sie konnte sich beinah nicht entscheiden, doch da fiel ihr wieder ein, wie furchtbar es gewesen war, als das grüne Krokodil sie angegriffen und an ihrem Po geknabbert hatte – also entschied sie sich dafür, dass es furchtbar war, und fing an zu weinen.

Da kam ihr Papa, der Anders hieß, ins Zimmer und sah aus, als hätte man einen Teller Spaghetti über ihn ausgekippt, und sagte mürrisch:

»Was'n jetzt los? Ich will schlafen.«

Da schluchzte Mina noch eine Weile, als läge sie im Sterben oder als hätte sie eine schlimme Krankheit, die Papa sofort heilen müsste, zum Beispiel mit einem Eis am Stiel oder mit einem Würstchen mit Ketchup; aber nachdem sie eine Weile geschluchzt hatte, wurde sie müde und hörte fast auf, sie wimmerte nur noch untröstlich. Ungefähr so, als wäre sie allein und verlassen im Wald. Und dann noch ein tiefer Seufzer, denn Papa setzte sich nur bei ihr aufs Bett und guckte und war überhaupt nicht entsetzt.

Am besten fand Mina es immer, wenn Papa und Mama so entsetzt waren, dass sie fast ohnmächtig wurden und dann zur Kühltruhe hinuntergingen, um ein Eis zu holen. Einmal, als sie vier Jahre alt war, hatte sie gebrüllt, weil sie gefallen war und sich das Bein gebrochen hatte, so fühlte es sich jedenfalls an, fast ganz sicher, und Mama war schließlich zum Telefon gegangen und hatte gesagt, jetzt rufe sie verflixt noch mal den Krankenwagen an. Und da war Mina so froh geworden, dass sie schwuppdiwupp aufhörte zu brüllen und sagte, sie wolle aber vorn im Krankenwagen neben dem Fahrer sitzen. Und da war Mama mit ganz finsteren Augen vom Telefon zurückgekommen und hatte gesagt: »Verdammt, ich wusste doch, dass es nichts war. Was für ein Glück, dass ich nicht angerufen habe!« Aber da war Mina auch böse geworden und hatte gesagt, wenn Mama so fluche, müsse sie sich die Zunge mit Seife waschen, unten und oben, also auch die Unterseite der Zunge, und vielleicht auch noch den Hals.

Da hatte Mama nur gefragt, was denn jetzt sei mit dem gebrochenen Bein?

Und Mina hatte vergessen, welches Bein es war, und auf das falsche gezeigt. Und da hatte ihre Mutter, die Jenny hieß, angefangen zu lachen und ein Eis geholt.

Man musste sich eben etwas einfallen lassen, wenn man ein Eis wollte.

Tatsache war, dass Mina in der Nacht von einem Krokodil angegriffen worden war. Sie erinnerte sich noch ganz genau daran, dass sie am Strand des schrecklichen Kongoflusses gewesen war, wo die Menschenfresser badeten und sich sonnten und am Strand in der Sonne einschliefen, nachdem sie sich aneinander satt gegessen hatten. Sie aßen einander die Beine auf, und es gab keinen, der sich anstellte oder es komisch fand, dass man sich gegenseitig aufaß. Allerdings aßen sie nur von den Beinen. Alle waren nett. Keiner schrie oder fluchte oder wusch die Zunge mit Seife. Und von einem dicken Onkel aßen sie am meisten. Der war nett und strich sich Ketchup auf die Beine, wenn die kleinen Menschenfresserkinder kamen und Hunger auf seine Beine hatten.

Sie aßen seine Beine mit Ketchup, aber ohne Senf und Brot. Doch dann, erinnerte sich Mina, war sie hinuntergegangen, um im Wasser des Kongoflusses zu baden, denn sie hatte keine Lust auf Bein mit Ketchup, und da war das Krokodil gekommen.

Es war klein und grün und sie kannte es, denn Papa hatte ein Zeichen auf seinem Pulli, das genau dieses Krokodil darstellte. Mina erkannte natürlich das Krokodil von Papas Pulli, obwohl es jetzt größer war, also kein Bild, sondern ein echtes, und es bewegte sich. Mina sagte zu ihm, und zwar ziemlich streng:

»Bist du von Papas Pulli abgehauen? Was soll das denn, schwimm zurück, sonst wird Papa stocksauer!«

Aber das Krokodil war nur blöd herumgeschwommen und hatte Mina sauer angeglotzt und gesagt, es begreife nicht, was sie meine. Es sagte, es sei ein gefährliches Krokodil, das im Kongofluss schwimme, und damit basta und sie solle sich bloß in Acht nehmen.

»Nimm dich selbst in Acht!«, hatte Mina gesagt. »Und schwimm sofort zurück auf Papas Pulli!«

»Fass dir an deinen eigenen Keks«, hatte das Krokodil da reichlich sauer gesagt. Und dann war es hochgesprungen und hatte Mina in den Keks gebissen, also in den Po.

So war es gewesen. Und da war Mina aufgewacht, und die Stelle, an der das Krokodil sie gebissen hatte, tat weh. Und nachdem sie eine Weile nachgedacht hatte, beschloss sie, loszubrüllen wie am Spieß. Ich muss einen Notruf loslassen!, dachte sie. Es lohnt sich doch nicht, hier zu liegen und nur still zu leiden.

Also hatte sie losgebrüllt. Und da war Papa gekommen, ganz verknittert im Gesicht, als wäre er nicht ausgeschlafen.

»Ein Krokodil hat mich gebissen«, hatte Mina gesagt.

»Wo denn?«, hatte Papa gefragt.

»Am Keks!«, hatte Mina geschluchzt und hingezeigt.

Und tatsächlich. Da war eine riesige große Stelle. So groß wie ein Zehncentstück.

»Das ist ein Mückenstich«, sagte Papa und versuchte die Falten in seinem Gesicht zu glätten. »Es ist ein Mückenstich. Kein Grund, sich zu ängstigen. Schlaf jetzt, mein Kleines.«

»Es war ein Krokodil«, heulte Mina noch schlimmer als vorher. »Ich hab's doch gesehen, es war grün, eine Mücke ist doch wohl nicht grün und so groß wie ein Krokodil!!!«

»Schlaf jetzt, mein Liebes, versuch doch zu verstehen, ich muss schlafen, es ist Sonntag, Liebes«, sagte Papa und stand auf und wollte die Tür zumachen.

»Ich bin aber gebissen worden!«

»Du hast geträumt«, sagte Papa. »Schlaf jetzt, es ist nichts.«

»Ich weiß, wann ich träume!«, schrie Mina. »Und das hier hab ich nicht geträumt!«

»Du fantasierst nur«, sagte Papa. »Hör auf damit, sonst wirst du noch wie Großvater.«

»Ich *will* werden wie Großvater«, sagte Mina sauer. »Er hätte mich gegen das Krokodil verteidigt.«

»Zweifelsohne«, sagte Papa. Er hieß Anders und war aus Dänemark und da sagten sie »zweifelsohne«. »Aber du weckst Moa!« Und dann ging er in sein Schlafzimmer und rollte sich im Bett zusammen und schlief bestimmt sofort ein.

Moa saß aufrecht im Bett und glotzte Mina an.

»KROKODIL!«, sagte Moa und schien hellwach zu sein. »Moa will auch ein Krokodil, das beißt.«

Sie konnte wirklich nerven.

»Fass dir doch an den Keks«, sagte Mina. »Immer willst du alles haben.«

Mina wusste genau, dass es kein Traum gewesen war. Papa war immer verschlafen. Mama schlief. Und Moa wollte bestimmt gleich spielen. Mina wollte absolut nicht spielen.

Also Krise. Keiner nahm sie ernst. Und Mina dachte, wie fein es wäre, einen Beschützer zu haben, der sie rettete, wenn sie *in Not* war. Man musste einen Wohltäter haben, wie Großvater immer sagte. Das war einer, der immer zur Stelle war, zum Beispiel, wenn die Großen »Versuch doch zu verstehen!« sagten und schlafen wollten. Oder im Fernsehen Golf guckten.

Und Mina dachte, dass guter Rat teuer war, wie Urgroßmutter Vega immer sagte. Und selbst hatte Mina ja kein Geld.

Sie musste sich mit Großvater beraten. Unbedingt. Er war der Einzige, der den vollen Ernst der Situation verstand. Eigentlich fing damit alles an.

Zuerst war es die schreckliche Nacht mit dem Krokodil. Dann kam das andere, was passierte, und am Schluss die beinah lebensgefährliche Expedition zum Dreihöhlenberg und das, was mit dem Wolfsjungen geschah.

Großvater greift ein

1.

Nachdem sie über das Ganze nachgedacht hatte, würde sie Großvater anrufen. Großvater hatte bestimmt eine Idee. Er hatte ja nicht so viel zu tun wie alle anderen. Da hatte er bestimmt Zeit, auf Ideen zu kommen.

Sie musste über alles, was passiert war, nachdenken. Es war schließlich nicht ganz leicht zu verstehen.

Das Krokodil war von Papas Pulli abgehauen und hatte sie in den Keks gebissen und sie hatte ein bisschen Angst gehabt. Das Krokodil, das sie in jener Nacht gebissen hatte, war viel größer gewesen als das auf Papas Pullover, daran erinnerte sie sich deutlich. Es war anscheinend so, dass die Krokodile nachts wuchsen, und morgens waren sie wieder klein. Das kleine Biest war nachts frei. Sie überlegte eine Weile, ob sie Papa wieder wecken sollte, um es ihm zu erklären, doch dann würde er nur grummeln und muffelig sein. Stattdessen ging sie zum Kühlschrank, um nachzusehen, ob Würstchen da waren, und es waren welche da.

Es war Sonntag, und sie ging zu Papas Pulli, um nachzuschauen, ob das Krokodil noch da war. Aber es war nicht mehr da. Auf dem Pulli war kein Krokodil.

Das Krokodil war frei und die Stelle auf ihrem Po war noch da. Es tat nicht sehr weh, aber sie sah im Spiegel nach und war sich fast sicher, dass man die Abdrücke der Zähne sehen konnte. Das war der Beweis, dass sie das Ganze nicht geträumt hatte.

Sie ging hinunter in die Küche. Nach einer

Weile kam ihre kleine Schwester Moa die Treppe herunter und sagte:

»Moa Warmüstchen mammam, Ina!«

»Du solls' keine Kindersprache reden!«, sagte Mina streng. »Außerdem soll man so früh am Morgen keine warmen Würstchen essen.«

Im Wohnzimmerfenster saß die Katze. Sie nannten sie Possie, weil Mama gehofft hatte, dass sie eine nette und possierliche Katze würde, aber Possie war manchmal ein bisschen vergrätzt, wenn sie ihr Fressen nicht rechtzeitig bekam. Dann war sie ganz und gar nicht possierlich, sondern sagte, jetzt gehe sie raus und fange Vogeljunge, wenn sie keine Leberpastete bekomme. Dann gab Mina ihr Leberpastete und Possie wurde wieder possierlich. Mina unterhielt sich oft mit Possie, wenn sie allein waren, aber nur dann, denn nur dann antwortete Possie ihr.

Possie sagte nie »Versuch doch zu verstehen!«.

»Possie«, sagte Mina. »Heute Nacht ist ein Krokodil hinter mir her gewesen und sie hat mich gebissen.«

»Kann ich was dafür?«, sagte Possie mürrisch.

»Aber ich habe Angst, dass sie heute Nacht wiederkommt«, sagte Mina.

»Woher weißt du eigentlich, dass es ein Krokodilmädchen ist?«, sagte Possie.

»Sie wirkte so sauer und ärgerlich und Krokodiljungens sind nicht so, das hat Papa gesagt.«

»Der weiß ja nicht, wovon er redet«, sagte Possie. »Übrigens, ein bisschen Leberpastete wäre jetzt gar nicht so schlecht.«

»Du wirst fett«, sagte Mina. »Du sollst keine Leberpastete essen.« Aber da wurde Possie supersauer und ging in die Küche, um nachzusehen, ob es etwas anderes gab.

Es war niemand da, mit dem man reden konnte. Was sollte Mina tun? Sie hatte eine Kusine, die sie manchmal anrief, sie hieß Ia, und ihre Telefonnummer konnte Mina auswendig. Ia wohnte in Bälinge. Mina hatte beschlossen, als Erstes Großvater anzurufen, aber er nahm nicht ab, er ging sicher mit Mischa spazieren, das war sein Hund. Also rief sie Ia an. Aber Ias Papa Mats kam ans Telefon und seine Stimme hörte sich ärgerlich und sauer an.

»Weißt du, wie viel Uhr es ist, Mina?«, sagte er. »Es ist erst acht und ich bin furchtbar – FURCHTBAR – müde und muss schlafen. MUSST du so früh anrufen?«

»Warum bist du denn müde?«, sagte Mina. »Ich

bin kein bisschen müde, obwohl ich heute Nacht von einem Krokodil gebissen worden bin.«

»Liebes«, sagte Onkel Mats, »liebste, beste Mina. Versuch mal zu verstehen! Ich bin vollkommen fertig und abgearbeitet und, mein Schatz: Es ist Sonntag. Kannst du nicht …«

»Aber du bist nicht von einem Krokodil gebissen worden!!!«

»Liebes. Versuch doch zu verstehen! Ich habe mir die Wade gezerrt und soll heute Golf spielen. Versuch doch mal zu verstehen! Ich BRAUCHE Schlaf und MUSST du …«

»Ich habe Angst, dass das Krokodil wiederkommt!«, sagte Mina.

»Kannst du nicht stattdessen mit Ia sprechen? Aber nicht jetzt. Beste Mina. Ich bin so FURCHTBAR müde und kaputt und, Liebes, ruf beim nächsten Mal nicht wieder so früh an.«

»Wie früh soll ich denn beim nächsten Mal anrufen?«

»Gar nicht«, sagte Onkel Mats und legte den Hörer auf.

Mina setzte sich hin und überlegte. Es schien hoffnungslos. Mama und Papa schliefen und Moa spielte ein Computerspiel. Sie war erst vier, aber in Computerspielen war sie top. Possie hatte die

Speisekammertür einen Spalt weit aufbekommen, doch den Kühlschrank schaffte sie nicht, deshalb war es Mina egal. Aber mit wem konnte sie reden?

Sie brauchte doch Hilfe in dieser Stunde der Not.

2.

Sie wartete eine Stunde, so lange, wie Großvater brauchte, um am Morgen mit Mischa rauszugehen, und rief wieder an. Großvater meldete sich.

Minas Großvater war ein hoch gewachsener, schicker Großvater mit weißem Haar, der immer so lieb war und der nicht so viel zu tun hatte, denn die meiste Zeit saß er da und schrieb, er hatte keine richtige Arbeit, sondern schrieb nur Bücher. Aber er legte nie den Hörer auf und seine Ratschläge waren echt super, obwohl alle anderen Erwachsenen fanden, dass sie schlecht waren. Er kannte auch prima Witze über Kacke, und wenn sie beim Essen saßen, erzählte er manchmal Pupsgeschichten, und das war so lustig. Aber dann wurde Minas Mama Jenny fast jedes Mal böse und nahm ihn am Arm und schubste ihn in die Toilette, damit die Kinder lernten, sich zu benehmen, und da musste Großvater zur Strafe eine Stunde lang sitzen. Wenn Großvater auf dem Klo eingesperrt war, weil er Pupsgeschichten erzählt hatte, durfte man nicht mit ihm sprechen. Aber dann trickste Mina Mama aus. Sie schlich sich nämlich zur Klotür und flüsterte durchs Schlüsselloch, damit Großvater nicht weinte. Und nach einer Weile hörte Großvater auf zu weinen, weil es ihn so froh machte, dass Mina Mitleid mit ihm hatte. Mina sagte dann durch das Schlüsselloch ins Klo *öhöm* und *dududu,* denn das musste man sagen, wenn jemand traurig war. Und dann flüsterte er jedes Mal eine kurze und lustige Kackundpupsgeschichte durchs Schlüsselloch; aber einmal kam Mama ihnen auf die Schliche und wurde supersauer und zog Mina an den Haaren von der Tür weg und Großvater musste die ganze Nacht auf dem Klo sitzen bleiben, beinah, daran erinnerte sich Mina beinah ganz klar.

Großvater war der cleverste und klügste in der ganzen Familie, obwohl er keine anständige Arbeit hatte, sondern nur schrieb, aber das begriffen nicht alle, außer Mina, und vielleicht Moa, aber sie war ja noch so klein. Und auf jeden Fall begriff sie nicht, was Possie sagte.

Großvater hatte eine Hündin, die Mischa hieß.

Sie war klug und schön und liebte die Kinder, obwohl sie aussah wie ein Wolf und allen zur Last fiel außer Großvater, der als Einziger mit ihr rausging und ihr manchmal bei Tisch Leckerbissen gab, obwohl man das nicht durfte. Sie war in der sibirischen Tundra im fernen Russland geboren, ihre Eltern waren Schlittenhunde und Mischa war siebzehn Jahre alt. In Hundejahren bedeutete das, dass sie 119 Jahre alt und eigentlich älter als Großvater war. Mischa sei groß wie ein Wolf und lieb wie ein Elefant, sagte Großvater oft, sie wohnte bei Großvater und Gunilla in Waxholm, und manchmal, besonders wenn Großvater zu Besuch war und sich danebenbenommen hatte und im Klo eingeschlossen war, legte Mina sich auf den Fußboden und benutzte Mischa als Kopfkissen und flüsterte ihr zu, wie dumm alle anderen waren außer Großvater und Mischa selbst. Das war spaßig, aber sie konnte es leider nur machen, wenn Großvater zu Besuch war.

Sonst wohnte Großvater bei Gunilla. Sie waren verheiratet und Gunilla war lieb und schloss Großvater nie im Klo ein, sie war Großvaters Frau, aber nicht Minas Großmutter. »So was kann vorkommen!«, wie Gunilla immer sagte.

Großvater hatte Mina einmal gesagt, er hätte Gunilla geheiratet, weil sie so ein hübsches Heck hätte, und als Mina das nächste Mal zu ihnen kam, hatte sie die Hecke angeschaut, die das Grundstück umgab, und danach zu Gunilla gesagt, so großartig sei das Heck doch gar nicht, sie verstehe nicht, warum Großvater sie ausgerechnet deshalb geheiratet habe. Aber Gunilla hatte nichts kapiert und dumm aus der Wäsche geguckt und gefragt: »Was für ein Heck?« Und Mina hatte auf die Hecke gezeigt und gesagt, dass Großvater Gunilla nur deswegen geheiratet habe. Habe er gesagt. Da hatte Gunilla gesagt, Großvater sei eine Dichternatur und deshalb rede er so viel von der Natur, zum Beispiel von ihrer Hecke, denn das machten Naturliebhaber so.

Gunilla war Feministin, hatte Großvater erklärt, und das hieß, dass Großvater selbst putzen musste und nie fragen durfte, ob er im Haushalt »mit anfassen« könne, denn das sollte so selbstverständlich sein, dass man nicht extra fragte.

Aber manchmal kapierte Gunilla schlecht. Zum Beispiel wollte sie nicht, dass Großvater und sie sich noch einen Hund anschafften. Großvater schlug einen kleinen Hund als Gesellschaft für Mischa vor, aber Gunilla meinte, dann würde es noch mehr Unordnung bei ihnen geben. Ausgerechnet an diesem Morgen rief Mina bei Großvater an und erzählte ihm von der Sache mit dem Krokodil.

»Es ist ja nicht zu fassen«, sagte Großvater. »Und deine nichtsnutzigen Eltern, was tun die?«

»Nichts«, sagte Mina. »Absolut nichts. Und Onkel Mats will nur schlafen.«

»Was hat er denn gesagt?«, fragte Großvater.

»Er hat gesagt: ›Versuch doch zu verstehen!‹ Das hat er gesagt. Und dass man ihn nicht wecken dürfte.«

»Verrückt«, sagte Großvater. »Du musst doch jemanden finden, der dich beschützt.«

»Aber wen?«, sagte Mina. »Dich schließen sie ja nur auf dem Klo ein. Und sie selbst sagen die ganze Zeit nur ›Versuch mal zu verstehen!‹ und wollen schlafen. Du hast gesagt, man soll sich einen Wohltäter besorgen, wenn man in großer Not ist.«

Man konnte Großvater denken hören, dass es nur so knackte.

»Die Polizei«, sagte er.

»Es gibt hier keine Polizisten mehr«, sagte Mina. »Und du hast Mischa, die dich beschützt. Aber ich habe nur Possie und die ist jetzt sauer auf mich und will mich nicht beschützen.«

»Du brauchst einen Wohltäterhund«, sagte Großvater. »Wenn man von Krokodilen angegriffen wird, muss man einen Wohltäter haben. Einen kleinen Hund in der passenden Größe zum Beispiel. Oder so.«

Mina grübelte eine Weile. Sie wusste ja, wie schwer es für Großvater gewesen war, Mischa behalten zu dürfen, die alle lästig fanden, obwohl sie 119 Jahre und älter als Großvater war.

»Einen Hund«, sagte Großvater. »Den du die ganze Zeit als Wohltäter bei dir haben kannst. Ich kann ja nicht bei dir sein. Wenn ich die falschen Dinge sage zum Beispiel. Und Pupsgeschichten erzähle. Dann werde ich einfach im Klo eingeschlossen, und wenn dann das Krokodil kommt, Herrgott, was kann ich dann tun?«

»Ich habe Angst«, sagte Mina. »Aber du hast Recht. Du musst einen Beschützer für mich finden. Ich habe so ein Gefühl.«

»Was für ein Gefühl?«

»Dass etwas Schreckliches vielleicht beinah bestimmt passieren könnte.«

»Es sei denn«, sagte Großvater. »Es sei denn.«

Man hörte durchs Telefon, wie Großvater so nachdachte, dass es auf diese besondere Weise knackte.

»Weißt du was«, sagte er, »morgen fahren Gunilla und ich und Mischa und Ia und Marcus in das Haus in Värmland. Für zwei Wochen. Wenn ihr einfach mitkämt? Dann hätten wir Zeit, um zu planen. Und vielleicht einen Wohltäterhund für dich zu kaufen, der dich gegen die Krokodile beschützt. Aber vor allem – um einen Plan durchzuführen, der dir hilft.«

Mina schloss die Augen und dachte scharf nach. Mit Ia und Marcus nach Värmland fahren! Und im Laderaum würde Mischa sitzen. Und es wäre fantastisch, wenn Großvater ihr dann einen kleinen Wohltäterhund kaufte. Dann wären es zwei Verteidiger: nicht nur Mischa, sondern auch ein neuer kleiner Hund, den Großvater kaufen und Mina schenken würde, ohne dass ihre Mama und ihr Papa etwas davon wüssten.

»Einen Plan?«, sagte Mina.

»Eigentlich zwei Pläne. Zuerst in Västerås bei einem Züchter den Wohltäterhund holen, es soll ein Mittelschnauzer sein und erst drei Monate alt.«

»Und dann?«

Großvater schwieg und brütete und überlegte.

»Hast du wirklich zwei Pläne, Großvater?«, fragte Mina mit flüsternder Stimme, weil sie hörte, dass Papa und Mama sich in der Küche zu schaffen machten. »Aber du musst leise reden, damit sie dich nicht hören, Großvater!«

»Ich weiß«, sagte er. »Ich *habe* noch einen anderen Plan. Aber wir müssen darüber schweigen. Niemandem nichts darüber sagen, dass wir einen Wohltäterhund kaufen. Nicht Mama und nicht Papa und nicht Onkel Mats, vielleicht nicht einmal … doch, vielleicht. Wir müssen es vielleicht Gunilla sagen.«

»Was ist dein zweiter Plan?«, sagte Mina. »Raus mit der Sprache! Das ist doch jetzt nicht deine Dichternatur, oder?«

»Nix da«, sagte Großvater.

»Dann raus damit!«

Großvater holte tief Atem.

»Punkt A: Wir müssen dir einen Hund als Beschützer besorgen. Es soll eine Hündin sein und sie soll Elsa heißen. Aber das ist ein Plan auf weite Sicht. Das Wichtige ist Punkt B: Wir müssen uns ins Haus nach Värmland begeben, um eine Expedition zu planen. Wenn man Angst hat, dass die Krokodile wieder angreifen, dann muss man etwas Großes tun. So dass ein Angriff eines Krokodils einem wie ein ganz kleiner Scheiß vorkommt. Man muss zum Beispiel eine Expedition durchführen. Und dann muss man zusammenhalten, alle zusammen. Und etwas tun, um eine große Gefahr zu überwinden. Comprendo?«

Manchmal sagte Großvater solche komischen Wörter, aber wenn man nur nickte und so tat, als verstände man, war er beruhigt und machte weiter.

»Ich weiß eine Expedition«, sagte Großvater. »Hinauf zum Dreihöhlenberg. Wer die gemacht hat, kann nie mehr Angst haben. Vor nichts.«

»Ist es gefährlich?«, fragte Mina ängstlich.

»Nicht, wenn man die Mannschaft zusammenhält. Und wenn man die Expedition durchgeführt hat, kann einen nichts mehr erschrecken. Gar nichts.«

»Auch kein Krokodil?«

»Ein Krokodil schon gar nicht.«

»Und expidieren wir ohne Papa und Mama?«

»Nur wir. Und Ia und Marcus und Moa, aber sonst keiner.«

»Und Gunilla?«

»Ja klar. Das habe ich ja schon gesagt. Gunilla soll dabei sein. Die kann Pupsgeschichten aushalten, denn sie ist Feministin. Sie darf mitmachen, aber nur im Basislager am Haus.«

»Und Mischa.«

»Selbstverständlich macht Mischa mit. Wir müssen eine starke Truppe haben. Schnelle und mutige Hunde und kluge und ausdauernde Kinder.«

»Sind das wir?«

»Das seid ihr. Und wir werden die Expedition zusammen durchführen.«

Mina fühlte, wie ihr Herz schlug und schlug.

»Stark, Großvater«, sagte sie. »Respekt.«

Doch es gab da eine Sache, die Großvater nicht erzählt hatte. Nämlich dass er selbst schon seit langem einen Berg besteigen wollte, der der Dreihöhlenberg genannt wurde und der im Osten von dem Haus in Värmland lag. Aber allein konnte man das nicht.

Und Mischa, der schwarzweiße ostsibirische Laika, Großvaters Hund, wusste etwas, was niemand sonst wusste, seit sie im Juli dort gewesen waren. Es gab dort tief im Wald ein Geheimnis. Oder vielleicht eine Gefahr, die drohte, oben am Dreihöhlenberg.

Mischa wusste etwas. Oder vielleicht wollte sie sie warnen.

Das Basislager wird errichtet

1.

Das Haus in Värmland war groß und alt und lag an einem See, und zum See hinunter waren Wiesen, da konnte man Kartoffeln pflanzen.

Es machte Spaß, Kartoffeln zu pflanzen, fand Mina, und im Herbst durfte sie mithelfen, die Kartoffeln zu ernten, dabei bekam man Rückenschmerzen. Aber dann machte man Pause und es gab Himbeertorte. Gunilla konnte am besten Kartoffeln aufnehmen, denn sie hatte so kurze Beine und kam leicht nach unten. Einmal war eine Schlange gekommen, als sie auf dem Weg zu den Kartoffeln waren. Da hatte Gunilla geschrien, und seitdem mussten Mina und Moa Stiefel anziehen, weil die Schlangen kurze Zähne hatten und nicht durch die Stiefel durchkamen, sagte Großvater.

Das Haus in Värmland lag ganz dicht bei etwas, das Norwegen hieß, und früher gab es da Deutsche. Deutsche waren früher böse, deshalb hatte die schwedische Armee auf dem Grundstück des Hauses in Värmland eine Festung gebaut. In der Festung sollten die netten schwedischen Soldaten liegen und verteidigen. Wenn man verteidigte, hieß das, anderen einen Schrecken einzujagen, und man schoss mit Büchsen auf die angreifenden Truppen, und wenn man richtig gut war im Schrecken einjagen, dann hatte man seinen Frieden vor den Deutschen. Aber das war damals. Jetzt waren alle Deutschen nett, sagte Großvater, denn er hatte ein Buch geschrieben, das alle Deutschen gekauft hatten, so dass er haufenweise Geld bekam und den Wohltäterhund kaufen konnte. Und die Deutschen waren jetzt fast Feministen, die putzten, ohne dass man sie dazu auffordern musste, sagte Großvater, aber damals, im Früher, waren sie schlimm und schossen mit

Gewehren und deshalb musste man eine Festung bauen und sich verteidigen, wenn sie kamen.

Die Festung lag oberhalb des Kartoffelackers. Es waren Erdhöhlen, mit Gittern davor, an denen man sich anlehnen konnte, wenn man sich verteidigte. Von der Festung bis zum See hinunter zog sich eine Panzersperre mit Massen von großen Steinblöcken: Wenn die Deutschen kamen, würden ihre Panzer da stecken bleiben. Dann konnten sie da sitzen in ihren stecken gebliebenen Panzern und sich wie Idioten fühlen und um Hilfe bitten, aber Pustekuchen, helfen würde man ihnen ganz bestimmt nicht.

Doch jetzt war es nicht mehr so, das war im Früher, und es waren Birken und Fichten über die Festung gewachsen: Deutsche waren nicht mehr böse, sondern lasen Bücher und waren Feministen und halfen beim Putzen, ohne dass man fragen musste.

So hatten Großvater und Gunilla es erklärt.

Dahin, in das Haus in Värmland, waren Großvater und Gunilla und Mina und Moa und Ia und Marcus gefahren, mit Mischa und dem Welpen hintendrin. In Värmland war beinah Wildnis. Da gab es Festungen und Wölfe und Bären, dahin waren Großvater und Gunilla mit den Kindern gefahren und da sollten sie ein schreckliches Abenteuer erleben, bei der Besteigung des Dreihöhlenbergs.

2.

Niemand wusste, wie Großvater es den Eltern der Kinder erklärt hatte; jedenfalls hatte er nichts von einer furchtbar gefährlichen Expedition erzählt, die die Mannschaft zusammenschweißen und aus ihnen allen Männer machen sollte, oder wie er es sich nun gedacht hatte. Aber zwei Tage nach der schrecklichen Nacht, in der das Krokodil Mina in den Keks gebissen hatte, waren er und Gunilla in einem Auto unterwegs nach Värmland. Es war ein großes Auto und auf der Rückbank saßen Mina, Moa, Marcus und Ia.

In Västerås hatten sie den Welpen geholt. Mina hatte ihn selbst unter fünf Welpen aussuchen dürfen. Es war schwer. Doch dann war einer zu ihr gekommen und hatte bittend ausgesehen und da wusste sie Bescheid. Das Gesicht des Welpen hatte ausgesehen wie eine Scheuerbürste und dann war eine Zunge herausgekommen und hatte sie geleckt.

Der Welpe hieß jetzt Elsa, nach einer Tante von Großvater, die Elsa hieß und 92 Jahre alt geworden war und die Großvater immer gemocht hatte. Das Erste, was sie taten, als sie ankamen, war, den Welpen zu taufen. Wenn man taufte, musste man Wasser über denjenigen gießen, der getauft wurde, und eine Zauberformel aufsagen, die lautete: »Im Namen des Vaters und des Sohnes und des Heiligen Geistes taufe ich dich auf den Namen Elsa Gilbertsson, mögen Wohlergehen und Glück dir folgen auf allen sieben Meeren!«, und dann musste man mit Himbeersaft anstoßen und den Welpen mit einem Handtuch abtrocknen.

Elsa hatte einen Schnauzbart und Stirnfransen und wunderschöne mandelbraune Augen und sie lag da und drückte sich an Mischa, die glücklich war. Mischa glaubte, ein kleines Junges zu haben, und leckte Elsa von oben bis unten ab, so dass sie fast patschnass wurde, aber auf jeden Fall sauber. Dann und wann stand Elsa auf und machte Pipi und alle Kinder klatschten Beifall, nur Gunilla wurde sauer und sagte, es fange an, abscheulich zu riechen, aber da sagte Großvater: »Warte nur, bis Elsa ihren ersten Haufen macht!«

Dann würde Gunilla erst richtig was zu riechen

bekommen. Aber als Elsa sich hinsetzte und einen Haufen ins Auto machte, roch es nur nach Senf, sagten alle Kinder, die auf Elsa Gilbertssons Seite waren.

An einer Stelle, die Våtsjön hieß, machten sie Pause, und Großvater stopfte Klein-Elsa in seine Jacke und nahm sie mit ins Restaurant, in dem Hunde- und Rauchverbot war. Da bestellte er Hacksteak mit Kartoffelmus, und als die Kellnerin mit den Tellern kam, machte sie ein erstauntes Gesicht und sagte: »Sind Sie sieben, ich sehe nur sechs hier?«

Da sagte Großvater, dass Gunilla, seine Frau, ein Kind erwarte und jeden Augenblick gebären könne, und das fand weder Gunilla noch die Kellnerin witzig. Aber sobald die Kellnerin gegangen war, zog Großvater Elsa aus dem Jackett und setzte sie auf den Tisch, und da fing Elsa an, das Essen hinunterzuschlingen.

Die vier Kinder folgten ihrem Beispiel. Und alle fünf aßen alles auf, denn die Kinder wollten nicht mit schlechtem Beispiel vorangehen.

Als Elsa aufgefressen hatte, rülpste sie. Da rülpsten auch alle Kinder und Marcus am dollsten.

Marcus war fünf. Er hatte blaue Augen und

blonde Haare, und wenn er redete, hörte es sich ein bisschen heiser an. Großvater sagte, er sei eine Dichternatur, obwohl er wahrscheinlich Eishockeyspieler werden würde. Er war der Kleinste, abgesehen von Moa, und die anderen Mädchen, also Ia und Mina, waren ein bisschen verliebt in ihn, deshalb unterdrückten sie ihn, wie Gunilla sagte, die immer dazwischenging, wenn Marcus wieder mal Prügel bekam, weil er so geliebt wurde.

Er war der einzige Junge unter den ganzen Kussis. Man sagte Kussis statt Kusinen, und er war größer als Moa, aber kleiner als die beiden anderen, besonders kleiner als Ia, seine Schwester. Es war gar nicht so einfach, fand er, denn seine Schwester Ia hatte angefangen, ihn zu erziehen und ihm zu sagen, was richtig und falsch war, hauptsächlich was falsch war, und da wurde er manchmal wahnsinnig und boxte sie in den Bauch und dann bezog er eine Tracht Prügel von seiner Schwester.

Die erste Nacht in dem Haus in Värmland schliefen sie auf Matratzen auf dem Fußboden, denn die Kinder wollten gern alle zusammenbleiben, und keins wollte im Bett schlafen, denn dann konnte man nicht mit Mischa und Elsa zusammenliegen. Dies war die erste Nacht, die Elsa von ihrer Mutter getrennt war, und gerade als Elsa sich hinlegen wollte, wurde sie traurig und fing an zu weinen. Sie hatte so schöne braune Augen, die sich mit Tränen füllten und überliefen, so dass ihr Schnauzbart ganz nass wurde. Da nahm Mina Klein-Elsa auf den Arm und zog die Decke über sie und streichelte und kraulte sie, bis sie ruhig wurde und aufhörte zu weinen. Und auf der anderen Seite lag Marcus und drückte die Nase an Elsas Rücken. So lagen sie alle vier da, mit zwei Hunden, und schliefen die erste Nacht.

Mina hatte nichts geträumt, sagte sie, als sie aufwachte und Großvater sie fragte, ob sie geträumt habe. Und kein Krokodil hatte sie in den Keks gebissen. Aber sie verspürte dennoch eine Art Unruhe im Bauch, es war wie ein Schaudern.

Sie sagte es niemandem. Außer Mischa. Sie hatte etwas in Mischas Ohr geflüstert, worüber nur ein treuer ostsibirischer Laika Stillschweigen bewahren konnte; und auf Mischa konnte man sich verlassen.

»Ich habe ein bisschen Angst vor der Expedition«, hatte sie gesagt.

3.

Am nächsten Tag wollte Großvater die vier Kinder und die zwei Hunde auf die erste Etappe mitnehmen, das war der erste Teil des Plans, wie sie den Dreihöhlenberg bezwingen wollten.

So hieß der Berg, der im Osten des Hauses in Helgeboda lag und über tausend Meter hoch war. Aber so hoch würden sie am ersten Tag nicht gehen, sondern nur bis zur ersten Höhle, deren Eingang hinter drei kleinen Birken lag, die aber so gewachsen waren, dass man ihn leicht finden konnte.

Großvater trug einen Rucksack, denn der Plan war, in der ersten Grotte ein Basislager einzurichten. Keins der Kinder wusste, was ein Basislager war, aber Großvater erklärte es ihnen, bevor sie aufbrachen: Wenn man eine sehr schwierige Bergbesteigung durchführen wollte, zum Beispiel auf den Dreihöhlenberg, der über tausend Meter hoch war, dann konnte man das nicht auf einmal tun. Es war zu weit und zu anstrengend. Man wurde zu hungrig. Und Elsas Pfoten würden wehtun, wenn sie nicht ausruhen konnte. Also musste man Pausen machen, zum Beispiel in der ersten Höhle. Dann würden Vorräte dort sein, so dass man sich ausruhen konnte und essen.

Deshalb musste man Proviant und anderen Bedarf zur ersten Grotte hinauftragen, in das Basislager. Dann würde man zum Haus zurückgehen, und am nächsten Tag könnte man weiter auf den Berg hinaufgehen, aber im Basislager bei der ersten Grotte ausruhen und essen. So machte man es bei richtig schweren Bergbesteigungen.

»Krass«, sagte Marcus. »Ich habe im Fernsehen gesehen, wie sie es machen, wenn sie auf den Himlamaja steigen.«

»Himalaja«, sagte Ia. »Nicht Himlamaja.«

»Sie sind jedenfalls auf einen hochgeklettert, der Himlamaja hieß«, sagte Marcus wütend.

»Du bist noch zu klein«, sagte Ia. »Das begreifst du nicht. Mit fünf begreift man noch nicht.«

»Aber ich hab's im Fernsehen gesehen, als ich zwei war«, sagte Marcus. »Und da begreift man!«

Und schon begannen Ia und Marcus sich zu prügeln, wie gewöhnlich. Aber Großvater sagte:

»Wenn man sich auf eine große und gefährliche Expedition begibt, darf man sich nicht prügeln, dann muss man zusammenhalten! Hört auf!«

»Himlamaja«, sagte Marcus. »Himlamaja, Himlamaja, Himlamaja!«

Gegen zehn Uhr hatten sich alle beruhigt. Großvater hatte den Rucksack voll Proviant gepackt und man machte sich auf den Weg zur ersten Höhle.

Großvater hatte den Rucksack auf dem Rücken und eine Babytrage auf dem Bauch, darin trug er Elsa, die zu klein war, um den ganzen Weg zu schaffen. Vielleicht hätte sie es geschafft, aber sie lief die ganze Zeit vor und zurück und es war ein heilloses Durcheinander.

Deshalb saß sie jetzt in der Babytrage vor Großvaters Bauch. Die Trage hatte er von Gunillas kleinstem Enkelkind ausgeliehen, das nur acht Monate alt war und Skrutten hieß und in Stockholm geblieben war. Elsa hatte zuerst ein bisschen gezappelt, sich aber an die Trage gewöhnt, und jetzt saß sie darin und schaute um sich und trällerte vor sich hin und wirkte superzufrieden.

»Ihr müsst aufpassen«, sagte Großvater. »Denn hier gibt es Wölfe und Luchse und Bären. Haltet die Augen offen!«

»Wie sieht ein Bär aus?«, fragte Marcus. »Ist er groß?«

»Das weißt du, wenn du ihn siehst«, sagte Ia.

»Und jetzt sei still, du erschreckst die kleinen Vögel.«

»Ja, aber wie sieht er denn aus?«

»Er ist groß wie ein Elefant, nur viel kleiner, und jetzt sei still, Marcus!«, sagte Großvater.

Marcus ging als Letzter und dachte lange nach. Dann sagte er:

»Da seh ich einen Bär.«

Alle blieben stehen. Sie waren auf einem Pfad gegangen, der leicht anstieg, und ein Stück in die Höhe gekommen, so dass sie das Tal unter sich sehen konnten. Alle guckten. Moa ging zu Großvater und fasste ihn um die Knie.

Sie sah ängstlich aus.

»Wo denn?«, sagte Ia.

»Da«, sagte Marcus. »Das ist ein Bär.«

Alle guckten. Es war, ganz sicher, ein großer Stein.

»Dödel!«, sagte Ia. »Das ist ein Stein, das sieht man doch. Und er ist grau und Bären sind braun, und außerdem bewegen sie sich und Steine bewegen sich nicht!«

Marcus sah lange den Stein an.

»Ich seh einen Bär«, sagte er. »Da.«

»Marcus!!! Das ist ein Stein, hör auf jetzt!«

»Ich sehe auf jeden Fall einen Bär«, sagte Marcus.

Großvater seufzte und sagte:

»Du bist eine Dichternatur, Marcus. Jetzt gehen wir weiter.«

Und sie gingen weiter, zur ersten Höhle hinauf. Zuerst Großvater mit Elsa in der Babytrage. Dann Mina mit Mischa an der Leine. Dann Ia, die Moa an der Hand hielt. Als Letzter Marcus.

Es war ein so schöner Tag. Und keiner wusste etwas von all dem Schrecklichen, das geschehen würde.

Plötzlich sahen sie die Höhle.

Sie lag am Berghang, gerade da, wo der Berg anfing. Sie war beinah versteckt hinter drei kleinen Birken, aber der Eingang war deutlich zu erkennen.

Großvater ging hinein. Die Höhle war vier Meter tief und zwei Meter hoch, und an der einen Seite verlief ein Felsvorsprung, auf dem man sitzen konnte. An der einen Höhlenwand lief ein wenig Wasser herunter, was, wie Großvater erklärte, von großem Vorteil sein konnte, wenn man gezwungen war, sich in einer Notsituation lange hier aufzuhalten. Dann hatte man Wasser.

»Was ist eine Notsituation?«, fragte Moa.

»Das ist, wenn eine Gefahr droht«, sagte Großvater, »und man in der Höhle Zuflucht suchen muss. Jetzt packen wir aus und bunkern und richten das Basislager ein.«

Und damit begann Großvater, den Proviant im Basislager zu stapeln.

Er hatte Plastiktüten und kleine Schachteln mitgenommen und reihte die Vorräte im hintersten Teil der Höhle auf. Zuerst das Trinken: Es waren vier Flaschen Coca-Cola, zwei Pepsi, zwei Fanta Apfelsine und zwei Fanta Blaubeer. Dazu vier Tüten Schokoladenmilch, drei Tüten Sahne (zu den Erdbeeren) und zwei halbe Liter Joghurt. Dann sechs kleine Tafeln Schokolade mit Nüssen, zwei Tüten Daim, ein Karton mit Lollies (fünfzehn grüne und fünfzehn rote), zwei Pakete Würstchen und eine Dose Senf. Weiter zwei Pakete Himbeeren und ein Paket Erdbeeren, eine Tüte Zucker, sechs Papierteller, zehn Plastiklöffel, zehn Pappbecher, zehn Messer und Gabeln, eine Tüte Trockenfutter für Mischa, ein Fressnapf, zwei Dosen Welpenkost mit Hähnchen (für Elsa, die noch nicht an Trockenfutter gewöhnt war) und ein Fressnapf für Elsa. Plastiktüten (um die Hundekacke vom Boden der Höhle aufzunehmen, falls Elsa ein Unglück passierte) sowie Butterkeks, zwölf Keksschokoladen, eine Tüte getoastetes Brot und ein Pfund Butter. Zum Schluss eine Tüte Karamell-bonbon-Mix (sechshundert Gramm) sowie vier Comic-Hefte (Donald Duck und Yogibär).

»Hier«, sagte Großvater, »haben wir jetzt den Proviantvorrat des Basislagers. Fehlt etwas? Denkt genau nach.«

Alle Kinder dachten lange nach.

»Eis«, sagte Marcus. »Mit Schokoladensoße.«

»Oh, du bist so dumm«, sagte Ia. »Du verstehst doch wohl, dass das Eis in der Hitze schmilzt. In einem Basislager kann man kein Eis haben. Denk doch mal ein bisschen nach, Marcus.«

»Aber Eis auf jeden Fall«, sagte Marcus.

»MARCUS!!!«, sagte Ia.

Großvater sagte nur:

»Marcus hat Recht, wir sollten Eis haben. Aber Ia hat auch Recht, wir können im Basislager kein Eis haben. Doch in der dritten Höhle ist es kalt, sie liegt oberhalb der Baumgrenze. Da werden wir Eis haben.«

»Mit Schokoladensoße«, sagte Marcus.

»Genau«, sagte Großvater.

»Da hörst du's, Ia«, sagte Marcus. »Ich hatte wieder Recht.«

Sie gingen nach draußen und setzten sich vor den Höhleneingang.

Sie saßen alle in einer Reihe: Großvater, Mina mit Elsa auf dem Schoß, weil Elsa das am liebsten mochte, Moa, Ia und Marcus. Und ganz außen Mischa, die Marcus an der Pfote hielt. Es war ein bisschen feierlich, fanden sie alle. Und sie saßen ganz still da und schauten übers Tal. In weiter Ferne sahen sie Großvaters und Gunillas Haus, aus dessen Schornstein Rauch aufstieg.

Schließlich sagte Marcus:

»Ich denke mir gerade – also: Wenn man mit dem Fahrrad die große Tanne da hinauffahren könnte.«

Ia sagte sofort sehr freundlich, wie zu einem Idioten:

»Marcus, man kann nicht mit dem Fahrrad eine Tanne hinauffahren. Das ist unmöglich.«

»Aber«, sagte Marcus, »wenn man sich vorstellt, man könnte eine Tanne hinauffahren. Dann ...«

»Man kann aber keine Tanne hinauffahren.«

Marcus sah fast verärgert aus und war eine Weile still und kein anderer sagte etwas, sondern alle schauten nur über das Tal und den Wald und den Rauch aus dem Haus in der Ferne, aber schließlich sagte Marcus:

»Ja, aber wenn man sich jetzt vorstellt, dass man eine Tanne hinauffahren könnte, bis ganz oben hin, und dann . . .«

»MARCUS!!!«, sagte Ia. »Jetzt bist du wirklich dumm. Du bist fünf Jahre alt und solltest begreifen, dass es unmöglich ist, mit dem Fahrrad eine Tanne hinaufzufahren, hör jetzt auf!«

»Ja, aber«, sagte Marcus und war dem Weinen nahe, »WENN man eine Tanne hinauffahren könnte, dann . . .«

»MARCUS! HÖR AUF!!!«

Doch gerade bevor Marcus und Ia aufeinander losgehen und sich prügeln wollten, sagte Großvater:

»Aber Marcus, du sollst nicht anfangen zu weinen. Und du sollst nicht anfangen zu boxen. Du musst argumentieren!«

»Was ist das?«, sagte Marcus.

»Argumentieren. Du musst erklären, wie du denkst. Und warum du denkst, wie du denkst. Und warum du sagst, dass es Spaß machen würde, wenn man eine Tanne hinauffahren könnte. Du musst Ia ERKLÄREN, was du meinst. Nicht heulen. Und vor allem nicht anfangen zu boxen.«

»Ist das argumentieren?«

»Genau. Du musst argumentieren. Dann versteht Ia, wie du denkst. Erklär ihr das mit dem An-einer-Tanne-Hochfahren.«

»Aber man kann doch nicht ...«, fing Ia an, aber da sagte Großvater, dass sie still sein solle. Jetzt werde Marcus nämlich argumentieren.

»Jetzt gleich?«, fragte Marcus.

»Genau«, sagte Großvater. »Fang an!«

Alle sahen Marcus an. Jetzt würde er argumentieren. Man sah, wie Marcus sich auf die Lippe biss und hart nachdachte.

»Nun fang schon an!«, sagte Ia. »Jetzt sollst du argumentieren und das mit dem Fahrradfahren auf eine Tanne erklären.«

»Ja, tu das«, sagte Großvater freundlich.

Alle warteten gespannt auf das, was Marcus sagen würde. Man sah, dass er angestrengt nachdachte. Er biss sich auf die Lippe. Dann sagte er:

»Ich seh einen Bär.«

Alle wurden vollständig wahnsinnig.

»MARCUS!«, schrie Ia, »du sollst ARGUMENTIEREN!!! Wenn du so weitermachst, krieg ich wirklich Wut auf dich!«

Aber Marcus starrte nur geradeaus und sagte noch einmal:

»Ich seh einen Bär.«

»Marcus. Liebster, bester Marcus.«

Aber da hob Marcus den Arm und zeigte und sagte nur:

»Da.«

Und alle guckten, fast ohne es zu wollen, in die Richtung, in die Marcus zeigte. Und da sahen sie es.

Es war ein Bär.

Es war wirklich ein Bär, und es war so, wie Großvater gesagt hatte, er war groß wie ein Elefant, nur viel kleiner, aber groß war er und braun, und er trottete langsam nur zehn Meter entfernt an ihnen vorbei. Der Bär war so nahe, dass man einen Tannenzapfen nach ihm hätte werfen können, doch das wagte keiner. Alle saßen ganz stumm und steif und ein bisschen ängstlich da. Der Bär war zehnmal so groß wie Mischa und plötzlich blieb er stehen und sah sie an, wie sie da saßen, Großvater und vier Kinder und zwei Hunde in einer Reihe vor dem Eingang der ersten Höhle: Sie lag nur ein Stück weit den Berg hinauf und war jetzt das Basislager mit einer Masse Proviant.

Der Bär blieb stehen und sah sie an, wie sie da in einer Reihe saßen. Keiner sagte etwas.

Und da, genau da, streckte Mischa den Kopf hoch in die Luft und stieß ein Heulen aus. Es war wie ein lang gezogener Gesang: Aaauuuuuuuu-UUUUUUUUuuuuuuuu, und es stieg an und sank ab, denn genau so heulten alle Schlittenhunde, die aus der sibirischen Tundra weit, weit im Osten kamen.

Der Bär stand vollkommen still und sah Mischa an.

Dann hob auch der Bär seinen Kopf und stellte sich auf die Hinterbeine, und da sah man, dass der Bär noch größer war als Großvater, obwohl Großvater zwei Meter groß war. Und der Bär antwortete, es war wie ein Muhen, tief und dröhnend, es klang wie ÖööööööööÖÖÖÖÖÖÖÖ-ööööömmmmm, und da verstummte Mischa.

Es wurde vollkommen still.

Dann ließ sich der Bär wieder auf alle viere herab. Und fing an zu gehen. Und so ging er langsam bergauf.

Alle saßen mucksmäuschenstill.

»Was hat er gesagt?«, fragte Marcus schließlich.

Aber Großvater saß nur ganz still da und antwortete nicht. Man sah, dass er besorgt war, und die Kinder wussten ja, dass Großvater bestimmt verstehen konnte, was die Tiere sagten. Am Ende sagte er:

»Er war besorgt. Es ist ein Problem entstanden, hat er gesagt. Er war besorgt.«

Dann stand er auf, nahm Elsa vom Boden hoch und stopfte sie in die Babytrage, nahm Klein-Moa an die Hand und sagte:

»Und ich bin es auch. Es sind Jäger im Tal. Es ist streng verboten, Luchse und Wölfe und Bären zu schießen, aber es gibt böse Menschen, die Tiere jagen, obwohl sie unter Naturschutz stehen, und sie verkaufen. Einige in Deutschland und einige in Håvilsrud. Vielleicht in Arvika. Ich weiß nicht. Das Brüllen des Bären war eine Warnung. Er war beunruhigt. Jetzt müssen wir nach Hause gehen zu Gunilla, denn es ist eine schwierige Situation entstanden, vielleicht droht Gefahr und wir müssen überlegen, was zu tun ist.«

Wolfsjunges in Not

1.

Mina fand, dass Ia, die eigentlich Cecilia hieß, als sie vor langer Zeit getauft und die Zauberformel »Mögen Wohlergehen und Glück dir folgen auf allen sieben Meeren!« für sie gesprochen wurde – Mina fand, dass Ia von allen Kussis die beste war. Ia war drei Jahre älter als Mina und liebte es, Mina zu bemuttern. Und sie konnte so gut spielen und hatte so nette Augen.

Nur wenn Ia sich mit ihrem Bruder Marcus stritt, wurde es ätzend. Doch an diesem Abend, als sie nach der Begegnung mit dem Bären den langen Weg vom Berg zum Haus zurückgingen, verstanden Ia und Mina, dass etwas mit Mischa nicht in Ordnung war.

Mischa witterte und winselte.

Mischa war zwar alt, aber sie hatte einen fantastischen Geruchssinn. Sie konnte auf siebenhundert Meter Entfernung einen Furz riechen, sagte Großvater, und am Geruch erkennen, wer es war. Marcus war einmal zur Straße hinuntergelaufen und hatte einen Pups fahren lassen und war dann stehen geblieben und hatte darauf gewartet, dass Mischa kam und sagte, er wäre es gewesen. Doch nach einer Weile hatte er die Geduld verloren und war zum Haus zurückgegangen, und da hatte Mischa dagelegen und geschlafen.

Und war auch noch sauer geworden, als Marcus sie weckte.

»Für wie dumm hältst du mich?«, hatte sie fast ganz sicher gesagt. »Versuch mal zu verstehen, mein Lieber. Ich will schlafen. Versuch doch mal, das zu verstehen!«

Marcus hatte das Gefühl, dass ihm das mit

dem »Versuch mal zu verstehen!« bekannt vorkam, aber er kam nicht richtig darauf, wer das immer sagte. Am Ende fiel es ihm doch noch ein: Es war sein Papa, wenn er morgens schlafen wollte. Dann sagte er die ganze Zeit »Versuch doch mal zu verstehen!« und wollte nicht aus den Federn. Marcus hatte mit Mina darüber gesprochen, und sie hatte gesagt, dass alle Erwachsenen so waren. Sie sagten »Versuch mal zu verstehen!« und drehten sich um und fingen an zu schnarchen. Man musste sich daran gewöhnen, meinte Mina. Aber dass ein so lieber Hund wie Mischa das Gleiche sagte, das fand sie traurig.

Sie waren den langen Weg vom Basislager in der ersten Höhle zum Haus hinuntergegangen und Großvater hatte besorgt ausgesehen, aber nichts gesagt. Irgendwie war Gefahr im Verzug. Mischa war auch besorgt, sie blieb mehrmals stehen und witterte.

Als sie beim Haus anlangten, waren sie ziemlich müde. Gunilla hatte sich Sorgen gemacht. Das tat sie immer, wenn Großvater auf gefährlichen Expeditionen war, und diesmal hatte er ja alle Kinder mit. Sie stand in der Tür und jammerte ein bisschen, als sie kamen, Ojojojojoj, aber sie war froh.

»Und was ihr für einen Hunger mitbringt. Wie

schaff ich es bloß, euch jetzt alle satt zu kriegen«, rief sie und lief in die Küche.

»Frau kann«, sagte Mina, denn von Gunilla hatte sie gelernt, dass man das in schwierigen Situationen sagen sollte.

Da nahm Gunilla Mina in den Arm und drückte sie einmal kräftig. Gunilla war prima.

Doch irgendetwas Seltsames war da. Es war inzwischen dunkel geworden und der Wald um das Haus am Berghang war schwarz wie die Nacht. Und Mischa war unruhig. Sie stand draußen auf der Terrasse vor der Haustür und starrte in die Dunkelheit. Und witterte.

»Was ist los, Mischa?«, sagte Marcus. »Warum bist du so unruhig? Ist was da draußen?«

Aber Mischa antwortete nicht, sie stand nur mit hoch erhobener Nase da und witterte etwas in dem bedrohlichen Dunkel.

Etwas war da.

2.

Am nächsten Morgen war Mischa verschwunden.

Niemand begriff, wie es zugegangen war, aber ein Fenster im Untergeschoss stand offen, sie war wohl hinausgesprungen. Klein-Elsa, der Schnauzerwelpe, hatte in Minas und Moas Doppelbett geschlafen und die ganze Nacht die Schnauze in Minas Ohr gedrückt, dass es kitzelte. Mina war deshalb nicht richtig ausgeschlafen und sagte »Versuch doch mal zu verstehen!«, als Moa mit ihr spielen wollte. Aber dann hörte sie die Stimmen der anderen und Großvater rief, dass Mischa verschwunden sei.

Da war sie auf einmal hellwach.

»Mischa ist weggelaufen«, sagte Marcus, der auf der Treppe vor dem Haus saß und auf den Wald und den Berg starrte.

Er hatte Tränen in den Augen und hatte schon den ganzen Morgen dagesessen und gerufen, aber keine Mischa kam.

»Es war auch gestern schon etwas«, sagte Großvater, als er aus der Tür trat. »Aber Mischa kommt zurück. Es muss etwas gewesen sein, das nach ihr gerufen hat.«

»Etwas kann nicht rufen«, sagte Ia. »Wer ist etwas?«

»Das wissen wir nicht. Wir müssen warten.«

Und so fingen sie an zu warten. Dies war der Tag, an dem sie zum Basislager eins hinaufgehen wollten, bevor sie den endgültigen Versuch unternahmen, den Berg zu bezwingen. Aber sie konnten nicht aufbrechen, solange Mischa nicht zurückgekommen war.

»Wir müssen zusammenhalten«, sagte Großvater. »Wir müssen auf Mischa warten.«

Und sie warteten.

An diesem Tag sollten Skrutten und seine Mama Lotta zum Haus heraufkommen.

Lotta war Gunillas Tochter, sie wollte eine Woche Urlaub machen und Skrutten bei Gunilla lassen: Gunilla war also die Großmutter von Skrutten und es war ihr ein bisschen zu Kopf gestiegen, wie fabelhaft Skrutten war. Er war erst acht Monate alt und konnte noch nicht gehen, aber Gunilla sagte, dass er schön, wunderbar, begabt und vollkommen ungewöhnlich sei, eigentlich ein wahres Wunder, und wenn sie von Skrutten erzählte, fingen alle Kinder an zu gähnen. Marcus hatte einmal so getan, als schliefe er ein, aber da war Gunilla sauer geworden, obwohl sie sonst eigentlich prima war und Spaß verstand. Aber Mina, die an und für sich fand, dass Skrutten ganz in Ordnung war, wenn auch nicht ganz so wunderbar, wie Gunilla ständig erzählte, Mina hatte einmal gesagt, sie müsse an Urgroßmutter

Vegas wahnsinnig leckere Klöße denken, wenn sie Skrutten sehe, denn Skrutten habe Ähnlichkeit mit einem grinsenden Kloß.

Und das fand Gunilla überhaupt nicht witzig.

Aber gegen Mittag kamen jedenfalls Lotta und Skrutten, und da fragte Marcus, ob Skrutten mitkommen solle auf die Besteigung des Dreihöhlenbergs. Daraufhin fiel Mina ihr Traum von den Menschenfressern im Kongo wieder ein und sie schlug vor, Skrutten mitzunehmen ins Basislager eins und ihn da aufzuessen, falls der Proviant zur Neige ginge, denn er sah so rund und lecker aus, mit Ketchup.

Doch Skruttens Mama Lotta, die eine kurze Lunte hatte, wie man so sagt, was immer das bedeuten mochte, war da furchtbar böse geworden.

Solche Witze versuchten sie zu machen. Aber richtig gut waren die Witze nicht. Und als sie auch noch versuchten, über Skrutten zu witzeln, fing Marcus an zu weinen.

»Ich hab Mischa so lieb. Wenn sie nun nicht zurückkommt?«, sagte er und weinte und war untröstlich. »Wenn die Jäger sie nun totschießen?«

Als er das Wort »Jäger« ausgesprochen hatte, wurde es plötzlich ganz still. Und niemand wollte mehr Witze machen.

Um halb drei kam Mischa zurück.

Mischa war völlig nass und hatte eine Schramme am Ohr, aber sonst war sie ganz okay. Und sie hatte etwas zu erzählen, das war klar. Sie war so aufgewühlt und müde, dass man kaum verstehen konnte, was sie wollte, doch sie weigerte sich, ins Haus zu gehen.

Sie zog an Großvaters Bein, lief die Treppe hinunter, blieb stehen, kam zurück, wollte weg.

»Wir müssen nachsehen, was los ist«, sagte Großvater. »Ich brauche zwei Kinder als Helfer. Meldet sich jemand freiwillig?«

»Aubbbbbbb psss bubbbb«, sagte Skrutten, der auf die Terrasse herausgekrabbelt war.

»Geht nicht«, sagte Großvater. »Du bist zu klein.«

»Moa will mit«, sagte Moa.

»Geht auch nicht«, sagte Großvater. Da sah er, dass Mina, Marcus und Ia alle drei mit hoch erhobenen Händen dastanden.

»Mina und Marcus werden eingeteilt«, sagte er. »Ia übernimmt das Kommando über die Heimatbasis und hält sich bereit zu helfen.«

»Helfen darf man nicht sagen«, fiel Mina ihm eifrig ins Wort. »Gunilla hat gesagt, dass es selbstverständlich sein soll.«

»Ja, ja«, sagte Großvater fast ein bisschen ärgerlich, »aber das gilt nur beim Saubermachen, jetzt müssen wir los.«

Mina schaute zum Wald hinüber. Vorher hatte er ganz einladend ausgesehen, mit den Birken, die über die Festung wuchsen, und den schönen Fichten, und dahinter die Hügel, die immer höher wurden, und man konnte beinah ahnen, dass sich hinter allem der fantastische Berg erhob, der einen so komischen, aber schönen Namen hatte, der Dreihöhlenberg.

Doch jetzt war der Wald, in den sie sich begeben würden, beinah – bedrohlich.

Sie dachte einen Moment lang daran, wie es im Früher gewesen war, also zu Hause in Söderås, bevor sie zum Haus in Värmland gefahren waren. Da waren Papa oder Mama gekommen, wenn sie Angst hatte und zu brüllen anfing. Aber jetzt war es eigentlich viel schlimmer, obwohl sie nicht brüllte. Es war gewissermaßen nicht die Situation dafür. Sie mussten zusammenhalten und sich in den beinah bedrohlichen Wald begeben, um herauszufinden, was Mischa wollte. Bevor das nicht klar war, konnten sie die Expedition zum Dreihöhlenberg nicht machen.

»Seid ihr bereit, Mädchen?«, fragte Großvater. »Wenn der BH richtig sitzt, fahren wir!«

Das hatten sie bei den Gebirgsjägern in Norrland immer gesagt, als Großvater seinen Militärdienst machte.

»Sehr witzig«, sagte Ia.

»Los jetzt!«, sagte Mina.

Und so machten sie sich auf den Weg durch den Wald, der zwischen dem Haus und dem Dreihöhlenberg lag, um nachzuschauen, was Mischa ihnen zeigen wollte.

3.

Mischa schlug ein Tempo an, als wäre sie nicht 119 Jahre alt, sie blieb ab und zu stehen, ungeduldig, als wartete sie auf die anderen drei, und wenn sie zu ihr aufgeschlossen hatten, zog sie ohne ein Wort weiter.

Es ging um etwas, das große Eile hatte.

In der Nacht hatte es geregnet und der Boden war matschig, es war nicht leicht zu gehen, und wenn sie an einen Zweig stießen, kam eine Regendusche, die sie alle durchnässte. Nach einer Stunde hörten sie plötzlich, dass Mischa Standlaut gab.

»Standlaut«, sagte Großvater. »Sie hat etwas gefunden.«

»Was ist ein Standlaut?«, wollte Marcus wissen. Aber plötzlich strahlte er und zeigte und sagte:

»Guckt mal da, ich seh einen Standlaut!«

»Marcus«, sagte Großvater, »Standlaut ist, wenn ein Elchhund, zum Beispiel Mischa, einen Elch gefunden hat. Dann bellt er, damit man es weiß. Man kann einen Standlaut nicht sehen. Man hört ihn.«

»Ich seh aber einen Standlaut«, sagte Marcus und zeigte nach vorn.

Und da, hundert Meter entfernt, stand Mischa. Sie war am Ziel. Und sie hatte etwas gefunden, was sie ihnen zeigen wollte.

Sie traten vorsichtig näher.

Mischa zeigte mit der Schnauze auf etwas, was in einer Felsspalte ein paar Meter entfernt lag. Es war ein Wolf. Der Wolf lag ganz still, und als sie näher kamen, sahen sie, dass er tot war. Er hatte geblutet, man sah, dass er erschossen worden war, die Schüsse hatten die Brust getroffen. Auf dem Boden sah man eine Blutspur; der Wolf war nicht sofort tot gewesen, er hatte versucht, sich davonzuschleppen und zu verstecken. Doch dann war er nicht weitergekommen und hier in der Felsspalte verendet.

Aber ein Stück weit musste er es geschafft haben, denn die Jäger, die auf ihn geschossen hatten, hatten ihn nicht gefunden.

»Sind das die Wilderer, von denen der Bär erzählt hat?«, sagte Mina und begann zu weinen.

»Verfluchte Mörder!«, sagte Großvater. Und keiner sagte ihm, dass er nicht fluchen dürfe, denn sie alle empfanden das Gleiche, obwohl sie nicht fluchten.

»Finde ich auch«, sagte Marcus und seine Unterlippe bebte.

Der Wolf war groß, fast riesig, fanden sie, er war schön und lag mit geschlossenen Augen da. Es war schrecklich, ihn zu sehen, denn er musste Schmerzen gehabt haben. Doch Mischa schien ungeduldig zu sein, sie wollte mehr zeigen als nur den toten Wolf. Sie sprang auf den Felsen und dahinter wuchs eine kleine Tanne, deren Zweige bis zum Boden hinabreichten.

Da. Da war etwas.

Marcus begriff es als Erster. Er krabbelte hinter Mischa auf den Felsen, hob die Zweige an und da sah er es.

»Großvater!«, rief er. »Sieh mal hier!«

Großvater und Mina kamen auf den Felsen und bogen die Zweige zur Seite.

Sie sahen eine kleine Schnauze hervorlugen, ein Augenpaar, das sie ansah, und ein kleines, kleines Wesen, das am ganzen Körper zitterte.

Es war ein kleines Wolfsjunges.

Es war klein wie eine Katze und es war anscheinend seinem Vater gefolgt, der jetzt leblos dalag, aber die Jäger hatten das Wolfsjunge nicht gesehen, das nicht gewagt hatte, seinen Vater zu verlassen. Es hatte nicht begriffen, dass sein Vater tot war. Und deshalb hatte es sich neben dem toten Wolfsvater versteckt. Es musste eine furchtbare Nacht gewesen sein, eine kalte und nasse Nacht, denn das Wolfsjunge war völlig durchnässt und zitterte erbärmlich, es war total erschöpft und bewegte sich fast nicht.

Großvater beugte sich vor und hob das Wolfsjunge auf. Er drehte es und untersuchte es gründlich: aber das kleine Wolfsjunge war so verängstigt und erschöpft, dass es sich nicht sträubte und nicht zappelte, sondern sich widerstandslos von Großvater untersuchen ließ.

»Verletzt ist es nicht«, sagte Großvater schließlich. »Die Jäger haben wohl nicht gewusst, dass da auch ein Wolfsjunges war. Sie hatten es nur auf den großen Wolf abgesehen und das Junge ist ihnen entwischt.«

Er schaute eine Weile den toten Wolf an und schüttelte dann den Kopf.

»Komisch«, sagte er. »Sie haben den Vater getötet. Die Mutter ist wohl davongekommen. Sie wird sich irgendwo versteckt halten.«

»Wo denn?«, fragte Mina. »Wir müssen sie finden.«

»Ich weiß nicht«, sagte Großvater. »Aber sie liegt bestimmt in einem Wolfsversteck und wartet ab, bis die Jäger verschwunden sind. Sie weiß sicher nicht, dass das Kleine überlebt hat. Sie muss sich ja auch um die anderen Jungen kümmern.«

»Er hat vielleicht nicht mehr Kinder«, sagte Marcus.

Sie dachten eine Weile über das nach, was Marcus gesagt hatte. Und dann dachten sie daran, was die Wolfsmutter jetzt wohl dachte. Und es war ein bisschen erschreckend. Das Wolfsjunge drückte sich eng an Großvater. Mina nahm das grüne Halstuch ab, das sie von ihrer Mama zum Geburtstag geschenkt bekommen hatte, und rieb das Wolfsjunge damit trocken.

»Wir sind wirklich im letzten Augenblick gekommen«, sagte Großvater. »Noch eine Nacht hätte es nicht überlebt.«

»Ich glaube, ich nenne ihn Rubert«, sagte Marcus.

»Es ist ein Mädchen«, sagte Großvater.

»Dann nenne ich ihn Maja-Rubert«, sagte Marcus.

Und weil Ia nicht da war und ihm nicht sagen konnte, dass ein Wolfsmädchen nicht Maja-Rubert heißen kann, protestierte niemand.

»Was machen wir jetzt?«, fragte Mina.

»Wir müssen nach Hause«, sagte Großvater. »Maja-Rubert muss trocken und warm werden. Und vor allem muss sie zurück zu ihrer Mutter.«

Das Wolfsjunge sah sie mit ängstlichen und unruhigen Augen an und sein kleiner Körper zitterte immer noch. Aber Mina rieb weiter mit ihrem Halstuch und bald war das Junge beinah trocken.

»Wir müssen die Polizei anrufen«, sagte Großvater. »Es ist strafbar, Wölfe zu schießen. Den Wolfsvater müssen wir hier liegen lassen. Er ist ja tot, aber es muss eine Tatortuntersuchung durchgeführt werden. Die Jäger müssen bestraft werden. Aber das Junge nehmen wir mit.«

Plötzlich kam Mina ein Gedanke.

»Mischa! Wir haben vergessen, Mischa Danke zu sagen.«

Und damit sprang sie hinunter zu Mischa, die still am Fuß des Felsens saß, und drückte sie ganz, ganz fest. Man sah, wie froh Mischa wurde, aber auch ein bisschen verlegen, denn sie war etwas schüchtern, aber froh wurde sie. Und alle wussten, dass das Wolfsjunge bestimmt gestorben wäre, wenn Mischa sie nicht gezwungen hätte, in den Wald zu gehen und es zu suchen.

Und dann gingen sie zum Haus zurück.

4.

Gunilla stand auf der Terrasse und hielt Skrutten auf dem Arm und sah sie kommen. Großvater hatte das Wolfsjunge unter seinem Overall, dann öffnete er den Overall und zog es heraus.

Beinah hätte Gunilla Skrutten auf den Boden fallen lassen.

»Was ist das denn!«, sagte sie. »Wo habt ihr es gefunden?«

Großvater erzählte. Gunilla machte ein ganz ernstes Gesicht, denn sie begriff, was hätte passieren können. Während sie fort gewesen waren, hatte sie Zeit gehabt, sich Sorgen zu machen.

Aber was sollten sie jetzt tun mit dem kleinen Wolf?

Er gab keinen Laut von sich, schaute sich nur um.

»Ich glaube«, sagte Großvater, »dass seine Mutter noch irgendwo da oben im Wald ist. Oder am Berg. Es muss dahin zurück. Da geht es ihm am besten. Aber zuerst muss es sich erholen. Es ist völlig fertig.«

Ia hatte schon daran gedacht. Sie kochte Milch und zog eine Matratze aus einem Schrank und aus der Speisekammer hatte sie eine Tüte Breipulver hervorgekramt. Ia war sehr tatkräftig. Es war, als hätte sie geahnt, womit Großvater zurückkommen würde, obwohl sie es ja nicht wissen konnte, und sie war eine tüchtige Planerin. Sie und Gunilla schlugen in Büchern nach, ob etwas darüber zu finden war, was Wolfsjunge so aßen. Aber es stand nirgends.

»Dämliche Kochbücher«, sagte Gunilla.

Marcus und Mina waren schon dabei, dem Wolfsjungen ein Bett zu bauen. Es musste wieder warm werden. Marcus machte Feuer im offenen Kamin und Skrutten krabbelte in großen Kreisen um das Wolfsjunge herum und stieß kleine Laute aus. Die anderen Kinder glaubten, dass es Wolfssprache wäre, denn das Wolfsjunge begann Skrutten anzuschauen, zuerst ein wenig ängstlich, dann hauptsächlich verwundert.

»Sollen wir Skrutten und das kleine Wolfsbaby ins selbe Bett legen?«, fragte Marcus.

»Warum das denn?«, fragte Moa.

»Weil Babys gern zusammen schlafen«, sagte Marcus.

Dann kam Ia mit der Breiflasche, die sie Skrutten geklaut hatte, und Mina nahm die kleine Maja-Rubert auf den Arm. Ia hielt die Flasche, Marcus kitzelte dem Wolfsjungen den Bauch und Moa hielt ein Handtuch bereit für den Fall, dass das Wolfsjunge spucken musste. Im offenen Kamin prasselte das Feuer und die Augenlider des Wolfsjungen wurden schwerer und schwerer, und als es die halbe Flasche Brei ausgetrunken hatte, fielen ihm die Augen zu und die Saugbewegungen des Mundes wurden immer langsamer. Alle Kinder sahen gespannt zu.

Am Ende schlief das Wolfsjunge.

Das Kaminfeuer knisterte. Maja-Rubert schlief. Und da trug Mina das kleine Wolfsjunge zum Bett und zog vorsichtig die Decke bis an seinen Hals und alle vier Kinder standen im Kreis drum herum. Nein, alle fünf, wenn man Skrutten mitzählte, aber der war ja nicht dabei gewesen, als sie das Junge retteten, und verstand nicht, was für ein schlimmes Erlebnis es gewesen war. Obwohl es gut gegangen war. Skrutten schlief kurz danach in seinem Gitterbett.

Aber die vier Kinder saßen an diesem Abend noch lange um das Wolfsjunge herum, das tief und ruhig schlief, und sie alle fanden, dass Maja-Rubert das Feinste und Schönste war, was sie je gesehen hatten.

Aber wie würde es ihr ergehen? Wie würde es gehen?

In der Nacht erwachte Mina von einem eigentümlichen Geräusch.

Das Zimmer war dunkel, das Feuer im Kamin war erloschen, nur ein schwaches Glimmen war noch zu sehen. Die anderen Kinder schliefen in ihren Betten, aber Mina hatte sich in das Bett des Wolfsjungen gelegt, damit es keine Angst bekäme, wenn es wach würde, und nicht anfinge, nach der Mama zu brüllen, wie Mina es im Früher getan hatte. Und jetzt hatte das Geräusch sie geweckt.

Es war wie ein langer, klagender Gesang: Oooo-

uuuuuuuuuuuuuuuuuuuuuuuuuaaa, und dann verschwand er und kam wieder zurück: Ooooooooo-
uuuuuuuuuaaaaa. Und wieder Stille. Und dann
kam der klagende Gesang wieder zurück, schwach,
von weit her.

Plötzlich verstand Mina. Es war die Wolfsmutter, die ihr Junges lockte. Es war ein Lockruf. Sie
rief nach ihrem Kind. Mina wandte den Kopf und
blickte das Wolfsjunge an. Maja-Rubert war auch
wach geworden, sie lag mit offenen Augen da
und starrte an die Decke. Sie hatte es auch gehört.

Ihre Mutter suchte nach ihr. Und rief sie.

Ihre Pfoten lagen auf der Decke und Mina
nahm mit ihrer einen Hand die eine Pfote des
Wolfsjungen und hielt sie, ganz ruhig. Die Lock-
rufe stiegen und sanken, schwach, ganz schwach.
Schließlich Stille.

Mina sah das Wolfsjunge an. Maja-Rubert
hatte es gehört. Sie wusste, dass ihre Mutter sie
rief. Und nach ihr suchte. Schließlich sah Mina,
dass die Augen des Wolfsjungen müder und
müder wurden, langsam schloss es die Augen
und an seinen Atemzügen hörte Mina, dass es
schlief.

Aber die ganze Zeit hielt Mina die Pfote des

Wolfsjungen in der Hand, damit es sich geborgen fühlen sollte. Und schließlich, am Ende, schliefen sie beide.

Am Morgen war das Wolfsjunge als Erster von allen auf den Beinen.

Es war zu Skruttens Kinderbett hinübergetappt und schaute durch das Gitter hinein und schien sich zu fragen, was das für ein Wesen war.

Skrutten hatte dem Wolfsjungen den Daumen in den Mund gesteckt und war fröhlich und lachte. Den ganzen Tag lang wurde das Fell des Wolfsjungen gebürstet und Essen in es hineingestopft. Vor allem Brei, aber es mochte auch Coca-Cola, wenn man sie auf eine Untertasse goss. Großvater saß am Tisch und dachte nach und sagte nicht so viel, aber Mina erzählte, was in der Nacht geschehen war. Da wurde er noch nachdenklicher.

»Sie sucht es«, sagte er. »Und wenn wir den Lockruf der Wolfsmutter das nächste Mal hören, müssen wir aufpassen.«

»Kann Maja-Rubert nicht für immer bei uns bleiben?«, wollte Ia wissen. »Ich mag sie so.«

»Das geht nicht«, entgegnete Großvater. »Ein Wolf soll im Wald leben und im Gebirge. Und denk mal an die Mutter. Sie läuft jetzt da oben in den Bergen herum und sucht und ist verzweifelt.«

»Was sollen wir denn tun?«, sagte Marcus.

Großvater sah eine Weile schweigend zu Mischa hin, dann sagte er:

»Mischa war einmal fast ein Wolf. Ihre Ururururgroßmutter war ein Wolf in der sibirischen Tundra. Ich glaube, Mischa weiß, was sie tun soll.«

Lange sah er Mischa an, die zu seinen Füßen auf dem Fußboden lag, dann sagte er:

»Das weißt du doch? Mischa? Du weißt, was du tun musst.«

Mischa sagte kein Wort. Sie hatte ein wenig mit dem Wolfsjungen gespielt, aber dann die Lust verloren. Jetzt tobte das Wolfsjunge mit einem Wollknäuel herum.

»Mischa«, sagte Großvater, »weißt du, was du tun musst?«

Und nach einer Weile stand Mischa auf und ging nach draußen. Sie ging durch die Tür und über den Rasen und sprang auf den großen flachen Stein, der am Waldrand lag. Und dann streckte sie den Kopf in die Höhe und fing an zu singen. Es war ein langer, eintöniger Gesang, ein langes, tiefes, schönes, eintöniges Heulen, das klang wie Uuuuuuuuuuuuuuuuuuoooooooooooooouuuuuu, und dann ließ sie den Kopf sinken, lauschte, hob den Kopf von neuem und sang.

Niemand hatte sie zuvor so singen hören. Es hörte sich ein wenig traurig an, beinah schrecklich, aber eigentlich auch sehr schön. Und Mischa saß vielleicht eine halbe Stunde dort auf dem Stein. Alle Kinder standen draußen auf der Terrasse und hörten zu und niemand sagte etwas, denn sie verstanden, dass gerade etwas sehr Sonderbares und Ungewöhnliches und vielleicht auch Schönes geschah.

Und dann, nach einem langen Schweigen, hörten sie es.

Von weit her, fast wie vom Gipfel des Dreihöhlenbergs, vernahmen sie eine Antwort. Einen schwachen Gesang, der anschwoll und absank.

»Das ist sie«, sagte Großvater. »Das ist die Mutter. Jetzt weiß sie es.«

»Was weiß sie?«, sagte Mina.

»Sie weiß, wo ihr kleines Kind ist. Und ich glaube, sie ist auf dem Weg hierher. Sie will Maja-Rubert holen.«

»Soll sie sie bekommen?«, fragte Mina.

»Mischa hat es versprochen«, sagte Großvater. »Sie hat es gesungen. Und ein Versprechen muss man halten.«

»Was tun wir jetzt?«, fragte Marcus.

»Wir warten.«

Und so begann das lange Warten.

5.

Es verging ein Nachmittag, es verging eine Nacht und wieder ein Vormittag.

Das Wolfsjunge war fast das Feinste und Schönste, was sie je gesehen hatten, aber es war ein bisschen unruhig, konnte nachts nicht richtig schlafen, wachte oft auf und horchte mit gespitzten Ohren.

Aber in der zweiten Nacht kein Laut. Kein Laut von einer Mutter, die sang und lockte.

Was war geschehen?

Waren es die Jäger?

Dann, in der Abenddämmerung des zweiten Tages, da kam sie.

Sie saßen alle in der Küche um den großen Esstisch, Gunilla, Großvater und die fünf Kinder.

Mischa lag unterm Tisch, wie sie es immer tat, es konnte ja passieren, dass jemand aus Versehen ein kleines Stück Wurst fallen ließ. Es war komisch, aber Marcus verlor oft aus Versehen Wurstscheiben. Man begriff eigentlich nicht warum, Mischa durfte ja nicht betteln, damit sie sich daran gewöhnte, dass es am Tisch nichts gab, sondern nur in ihrem Napf; aber komischerweise fielen Marcus häufig kleine Leckerbissen auf den Boden. Dann sah Gunilla ihn scharf an und meinte, es sei seltsam, wie ungeschickt er geworden war. Er war doch sonst nicht so ungeschickt.

Und Marcus sagte, ja, er begreife es auch nicht. Und plötzlich rülpste Mischa unter dem Tisch. Da machte Marcus ein so komisches Gesicht, dass er fast schielte.

Das Wolfsjunge saß die ganze Zeit auf Minas Schoß und schleckte Leberpastete von Minas Mittelfinger. Elsa saß auf las Schoß.

Und da, gerade, als es so richtig gemütlich war und alle miteinander plauderten, hörten sie es.

Es war stark. Und ganz nah. Kein Zweifel. Ooo-ooooouuuuuuuuuuiiiiiiiiiioooooommmmm. Es war ein Gesang wie von einem Wolf, wie von einer Wolfsmutter, die ihr Junges rief.

Und sie war ganz, ganz nah.

Sie gingen hinaus auf die Terrasse und da sahen sie sie sofort.

Es war eine große Wölfin und sie stand oben am Waldrand bei dem kleinen Hügel, der einmal Festung gewesen, aber jetzt von Tannen und Birken überwachsen war.

Es war die Mutter. Sie stand vollkommen still. Und sah sie an.

Großvater hatte das Wolfsjunge auf dem Arm.

»Was machen wir?«, fragte Marcus.

»Lass sie los«, sagte Mina. »Sie muss zu ihrer Mutter können.«

Da setzte Großvater das Wolfsjunge vorsichtig auf die Erde. Einen Augenblick sah es zu ihnen auf, zu Großvater und den Kindern und Mischa und Elsa, als wollte es sie fragen, was es tun sollte. Doch da sang die Wolfsmutter noch einmal, Ooooouuuuuoooooo, nur ganz kurz, und das hörte das Wolfsjunge.

Und es lief los, über den Rasen, so schnell die kleinen Beine es tragen konnten. Und dann war es da.

Einen kurzen Augenblick schaute die Wolfsmutter es an, als wäre sie nicht richtig sicher, dass das Junge wirklich lebte, oder als wäre sie so froh, dass sie fast nicht wusste, was sie tun sollte; aber dann begann sie es zu beschnüffeln. Sie schnüffelte und dann fing sie an, Maja-Rubert abzulecken, vom Kopf den Rücken hinunter.

»Sie wäscht unseren Geruch ab«, sagte Marcus.

Dann drehte die Wolfsmutter sich um und ging in den Wald und das Junge folgte ihr, dicht, ganz dicht. Doch bevor sie verschwanden, wandte die Mutter sich um, blieb einen Moment stehen und sah sie an.

Es war, als hätte sie Danke sagen wollen. Und dann waren sie verschwunden.

»Wohin gehen sie?«, fragte Ia.

»Nach Hause«, antwortete Großvater.

»Und wo ist zu Hause?«, fragte Ia.

»Weiß nicht«, sagte Großvater.

Und da fing Marcus an zu weinen, nicht viel, aber seine Unterlippe begann zu beben und Tränen traten ihm in die Augen, doch dann nahm er sich zusammen und schniefte ein wenig und sagte:

»Ich seh, wo sie wohnen.«

»Das kannst du nicht«, sagte Ia. »Das kann man nicht.«

»Doch«, sagte Marcus, »manchmal kann man glatt durch Wald und Berge durchsehen und ich kann das, und ich seh, wie sie wohnen. Aber das sag ich nicht.«

Und keiner wagte es, Marcus zu widersprechen, denn er hatte ja so oft Recht gehabt, dass man nicht richtig begriff, was er sehen konnte. Er hatte aufgehört zu weinen. Es war Dämmerung jetzt, fast schon ganz dunkel, und die Wolfsmutter und ihr Kind waren fort.

»Ich glaube«, sagte Großvater, »dass wir sie wieder sehen. Ich weiß nicht wie. Aber morgen nehmen wir die Expedition zum Dreihöhlenberg wieder auf.«

Und damit gingen sie zurück ins Haus. Und sie ahnten alle, dass der nächste Tag sehr, sehr spannend werden würde. Aber Mischa war ganz still, als grübelte sie über etwas nach, was nur sie allein wusste, aber nicht die anderen.

Die Expedition wird wieder aufgenommen

1.

Als Mina am nächsten Tag aus dem Schlafzimmer der Kinder herunterkam, war Großvater schon lange wach. Und er packte.

Er hatte zwei Doppelschlafsäcke zusammengerollt und sie am Rucksack festgezurrt und unter dem Rucksack hatte er die Isomatten angebunden. Gunilla stand daneben und war besorgt.

»Es gefällt mir nicht, dass ihr auf diese Wanderung geht«, sagte sie. »Und ich mache mir Sorgen, dass da oben auf dem Berg das Handy nicht funktioniert. Stell dir vor, es passiert was und ihr könnt nicht anrufen. Und ihr wollt drei Tage wegbleiben!«

»Es passiert nichts, glaube ich«, sagte Großvater.

»Glaubst du! Ja, aber wenn doch!«

Sie frühstückten und es war ziemlich still am Tisch. Als sie fertig waren, sollte draußen auf der Treppe eine Konferenz gehalten werden: Konferenz bedeutete, dass Großvater über alles berichtete, was geschehen würde und was man tun wollte, und dann sollten die Kinder fragen und man würde gemeinsam beschließen.

Mischa lag auf dem Boden, den Kopf platt an die Erde gedrückt und die Ohren steil aufgerichtet, und man konnte sehen, dass sie mächtig gespannt war.

»Heute«, sagte Großvater, »beginnen wir eine Expedition, die drei Tage dauern wird. Glaube ich. Wir können sie in zwei machen, aber ich glaube, das wird zu knapp. Wir werden den Dreihöhlenberg bezwingen und wir werden es gemeinsam tun.«

»Was bedeutet bezwingen?«, sagte Marcus.

»Auf die Spitze hochklettern«, sagte Ia.

»Und wer soll mit?«, fragte Marcus und sah beunruhigt aus.

Großvater blickte sich um und holte tief Luft. Dann sagte er:

»Ja, zuallererst Mina, denn eigentlich machen wir diese ganze Expedition ihretwegen. Und dann Moa, die es hoffentlich schafft, aber wir machen ja Pausen und ruhen uns aus, also wird es wohl gut gehen. Und dann Marcus und Ia. Ich habe viel über die Hunde nachgedacht, aber ich glaube, wir nehmen nur Mischa mit. Elsa ist so klein, sie bleibt am besten hier zu Hause und beschützt Skrutten und Gunilla.«

Alle nickten ernst. Nein, Elsas kleine Pfoten würden noch keine Bergbesteigung aushalten.

»Alle müssen Stiefel tragen«, sagte Großvater. »Und alle müssen satt sein, wenn wir aufbrechen. Und keiner darf Angst haben.«

Sie sahen ihn alle verwundert an.

»Warum sollten wir Angst haben?«, fragte Ia.

Doch Großvater antwortete nicht. Und auf einmal spürte Mina etwas in ihrem Inneren, das sagte, dass es vielleicht nicht so einfach werden würde. Vielleicht gab es Grund, doch ein ganz, ganz kleines bisschen Angst zu haben.

Oder warum stand Mischa sonst auf der Terrasse und spähte so unruhig zum Berg hinauf? Hunde begriffen irgendwie viel mehr als Menschen. Hunde konnten Dinge ahnen. Und durch Wald und Berg hindurchsehen. Und vielleicht in die Zukunft sehen.

Vielleicht ahnte Mischa etwas. Sagte es aber nicht. Und es fuhr wie ein Zucken durch Minas Bauch, nicht so, dass sie Angst hatte, eher so, als stände sie auf einem hohen Dach und schaute hinunter und spürte, dass es mächtig hoch war; genau so zuckte es in ihrem Bauch.

Und dann brachen sie auf. Gunilla, Skrutten und Elsa standen in der Tür und winkten. Die endgültige Expedition zum Dreihöhlenberg hatte begonnen.

2.

Sie erreichten das Basislager in der ersten Höhle gegen fünf Uhr am Nachmittag und alles war gut gegangen. Man hatte fast jede halbe Stunde Pause gemacht, weil die Kinder es nicht richtig lernten, ihr kleines und ihr großes Geschäft zur gleichen Zeit zu machen; sie machten fast jede Viertelstunde Pinkelpause und schließlich sagte Großvater:

»Warum könnt ihr nicht von Mischa lernen, die nur ab und zu stehen bleibt und ein bisschen spritzt.« Er sagte das fast ein wenig sauer.

»Mischa hat keine Sachen an«, sagte Marcus.

Das Basislager sah noch genauso aus, wie sie es vor fünf Tagen verlassen hatten; sie waren gespannt, ob der Proviant noch da war, und Marcus lief die letzten hundert Meter, um Erster zu sein. Er tauchte in die Höhle ein und kam mit einem Daim in der Hand wieder heraus.

»Der Proviant ist noch da!«, rief er und stopfte fast gleichzeitig das Daim in den Mund, so dass sie ihn kaum verstehen konnten.

Die Höhle lag nur hundert Meter bergaufwärts, fast noch am Fuß des Berges. Großvater geriet auf dem letzten Stück ganz aus der Puste, sein Rucksack war ja ziemlich schwer, doch schließlich waren alle in der Höhle versammelt.

Der Boden war leer und sauber, nur ein wenig altes Laub und ein paar Zweige, und auf dem Felsabsatz an der hinteren Wand waren alle Vorräte aufgereiht.

Niemand hatte sie angerührt.

»Sammeln!«, sagte Großvater, nahm den Rucksack ab und setzte sich auf den Boden. Alle Kinder, und Mischa, setzten sich in einer Reihe vor ihm hin.

»Zuerst Mannschaftskontrolle!«, sagte er. »Wir fangen rechts an und ihr sollt erzählen, wie ihr euch fühlt und ob ihr verletzt seid. Bitte sehr!«

Ganz rechts saß Moa.

»Moa will Eis haben!«, sagte sie.

»Gut«, sagte Großvater. »Also Moa ist wie immer. Und Marcus?«

»Ja, ich denke gerade, als wir gestern geangelt haben, fand ich, dass mein Barsch kleiner war als las, aber ich glaube, ich habe mich geirrt, weil meiner eigentlich ein Hecht war und Hechte sind immer größer als ...«

»Marcus!«, sagte Ia. »Du sollst sagen, wie es dir geht!«

»Wenn ich auf die Spitze komme, von dem Berg da, dann fliege ich nach Hause, denn wenn ich die Arme so ausbreite, also so, dann ...«

»Marcus! Man kann so nicht fliegen!«

»Aber wenn man könnte. Dann würde ich. Man kriegt nicht so müde Beine, wenn man einen

Engel findet, und man nimmt ihn als Moped, dann ...«

Ein Krach zwischen Ia und Marcus bahnte sich an. Großvater hob die Arme und sagte:

»Okay. Wir machen Folgendes: Wer Blasen an den Füßen hat, hebt die Hand!«

Niemand hob eine Hand.

»Ist jemand müde?«

Alle hoben die Hand, außer Mischa, die sich platt auf den Höhlenboden gelegt hatte und zu schlafen schien.

»Ist jemand hungrig?«

»Jaaaaaa!«, brüllten alle, so dass Mischa wach wurde und sich aufrecht hinsetzte.

»Gut«, sagte Großvater. »Dann bereiten wir jetzt die Übernachtung vor.«

Er begann seinen Rucksack auszupacken und Mina, die am wenigsten müde war, half ihm dabei. Sie rollten die Isomatten aus und darauf breiteten sie die Doppelschlafsäcke aus, die beide Platz für zwei Erwachsene hatten. Jetzt waren sie zwar sechs, wenn man Mischa mitrechnete, aber Moa war ja ziemlich klein und es würde schon gehen.

Doch bevor sie in die Schlafsäcke krochen, mussten sie essen.

Es wurde ein fantastisches Fest. Großvater teilte alles in fünf gleiche Teile und als Erstes fingen sie an zu tauschen. Die Wurst mit Ketchup konnte man zum Beispiel gegen Daim tauschen. Oder jemand, der keine Coca-Cola mochte, tauschte gegen Fanta und tauschte Himbeeren gegen Erdbeeren und Lollis gegen Keksschokolade, so ging es ungefähr eine halbe Stunde, bis alle zufrieden waren. Außer Mischa, die mit ihrem Trockenfutter dasaß und sauer in ihren Napf guckte, bis Großvater eine magische Geste vollführte und die Hand in die Tasche steckte und eine Hand voll Fleischbällchen hervorzog; da bekam Mischa sofort bessere Laune und alle fingen an zu essen.

»Denkt daran«, sagte Großvater, »dass ihr Mischa nie etwas vom Tisch geben dürft, wenn sie bettelt. Aber ich frage euch, ist das hier ein Tisch?«

»NEIN!«, riefen alle im Chor.

»Na dann«, sagte Großvater und schob die andere Hand in die andere Tasche. Und angelte neue Fleischbällchen für Mischa hervor.

»Wir brauchen es ja nicht unbedingt Gunilla zu erzählen«, sagte Großvater. »Denn dann sagt sie, dass ich Mischa verwöhne. Werdet ihr petzen?«

»NEIN!«, riefen alle im Chor.

»Gut«, sagte Großvater. »Dann sind wir solidarisch.«

»Was ist das?«, wollte Marcus wissen.

»Das ist, wenn man Gunilla nichts erzählt«, sagte Großvater.

Und danach konnten sie alle weiteressen.

Es wurde schon um sieben Uhr dunkel und sie krochen in die Schlafsäcke.

In dem einen lagen Großvater und Marcus, in dem anderen Ia, Mina und Moa. Mischa wollte zuerst vor dem Schlafsack liegen, aber nach einer Weile wurde Moa ein bisschen traurig und fing an zu weinen. Da kroch Mischa zu ihr hin und Moa bohrte den Kopf in Mischas Pelz und hörte auf zu weinen.

Es wurde schnell sehr dunkel in der Höhle. Und Großvater sagte:

»Morgen haben wir einen harten Tag vor uns. Wir müssen ausgeschlafen sein und wir werden den Berg bezwingen. Und jetzt sprechen wir das Abendgebet und singen.«

Und dann beteten sie, alle sechs:

Gott, der alle
Kinder liebt,
mir guten Schlaf
und Ruhe gibt.

Wohin ich mich
im Leben wende,
leg ich mein Glück
in Seine Hände.

Das Glück, es kommt, das Glück, es schwindet,
bei Gott allein mein Glück sich findet.

Und dann sang Großvater noch ein Lied, das er
kannte, und das ging so:

Himmel und Erd' mögen brennen,
Höhen und Berge vergehn,
doch wer da glaubt, wird erkennen,
die Versprechen bleiben bestehn.

Als er geendet hatte, war es in der Höhle vollkommen dunkel.

Nur schwach, ganz schwach konnte man Marcus schnarchen hören. Und nach einer kleinen,
kleinen Weile stimmte Mischa in das Schnarchen

ein, aber auf ihre Weise: Puuuiiiii, puuuuiiii, puiiiiii.

Mina schlief als Letzte von allen ein. Sie hatte Sehnsucht nach ihrer Mama.

3.

Als Mina aufwachte, stand Mischa im Eingang der Höhle und blickte übers Tal. Es regnete leicht, Nieselregen, und die Wolken hingen so tief, dass man gerade eben noch die Spitzen der nächsten Bäume sehen konnte.

Großvater kroch mit Mühe aus seinem Schlafsack.

»Kein tolles Wetter«, sagte Marcus aus der Tiefe des Schlafsacks. »Wollen wir wirklich heute den Berg besteigen?«

»Unbedingt«, sagte Ia.

»Unbedingt«, sagte Moa.

Alle schienen in bester Stimmung zu sein. Sie frühstückten unter Schweigen. Großvater angelte Regenzeug aus seinem Rucksack; Gunilla hatte vermutet, dass es regnen würde, und Regenzeug herausgesucht und dafür waren alle dankbar.

Um zehn Uhr brachen sie auf.

Der Pfad, der zum Gipfel des Berges hinauf-
führte, wurde jetzt steiler und war ziemlich
schmal. Sie gingen langsam: zuerst Mischa mit
Mina, dann die anderen und als Letzter Großvater. Die Fichten wurden jetzt immer kleiner.
Großvater sagte, dass sie jetzt bald an die Baumgrenze kämen: Da war es so hoch, dass keine
Bäume mehr wuchsen, es war so kalt, dass nur
Moos und kleine Blumen wachsen konnten. Nach
einer Weile hörte der Regen auf, aber der Nebel
hing weiterhin tief.

Doch es war kein Nebel. Sie waren jetzt so
hoch oben, dass sie in einer Wolke gingen.

Sie wanderten in einer Wolke, es war, wie von
weißer Milch umgeben zu sein, es war ein schreckliches und gleichzeitig feierliches Gefühl. Alle
wussten, dass sie jetzt ziemlich hoch oben waren,
aber man konnte nicht am Berghang nach unten
schauen.

»Wenn wir über die Wolke kommen«, sagte Marcus, »können wir dann Engel sehen?«

»Warten wir ab«, sagte Großvater. »Bald wissen
wir es.«

»Kann man sich dann einen Engel leihen?«

»Warum willst du das?«, fragte Großvater keu-
chend.

»Ja, dann könnte man den Engel als Moped nehmen und sich auf seinen Rücken setzen und er flattert mit einem runter und dann ist es nicht so anstrengend«, sagte Marcus.

»Hör auf, von Engeln zu quatschen, Marcus!«, sagte Ia. »Es gibt keine Engel. Jedenfalls nicht hier. Du bist bloß faul. Und mit dir will sowieso kein Engel fliegen.«

»Ich glaube, ich kann einen Engel sehen«, sagte Marcus. »Beinah jedenfalls.«

»Kannst du!!!«, sagte Ia, aber da meinte Großvater, dass sie jetzt aufhören sollten, sich zu zanken, denn es war auch so schon anstrengend genug.

Und da, plötzlich, kamen sie aus der Wolke heraus.

Sie kamen oberhalb der Wolke heraus und sahen den Dreihöhlenberg ganz klar und der Gipfel war jetzt sehr nah. Unter ihnen lag die Wolke wie ein weißes Meer; ja, sie waren wirklich durch die Wolke gegangen und oberhalb davon herausgekommen. Aber es schien keine Sonne, über ihnen waren wieder Wolken, doch durch die niedrigste Wolke waren sie hindurchgegangen.

Der Gipfel lag dreihundert Meter entfernt.

Und ein Stück unterhalb der Spitze des Berges konnten sie klar und deutlich die beiden Höhlen erkennen. Es war, als ob zwei Augen sie ansähen. Es war beinah zum Fürchten.

»Sollen wir dahin?«, fragte Mina,

»Genau dahin«, erwiderte Großvater. »Und wenn wir da sind, dann verstehst du, warum du nie mehr im Leben vor einem grünen Krokodil Angst zu haben brauchst.«

»Weiß ich es dann?«, sagte Mina. »*Warum* weiß ich es?«

»Darum«, sagte Großvater.

Und dann machte er sich auf das letzte Wegstück bis zum Gipfel. Vorher war Großvater als Letzter gegangen, das musste man tun als Ältester, hatte er gesagt, damit keins der Kinder zurückblieb. Aber jetzt ging er vorneweg und es hatte den Anschein, als hätte er es plötzlich besonders eilig. Er hüpfte fast bis zur letzten steilen Felswand. Der Rucksack war groß und schwer, man konnte Großvater von hinten kaum sehen, so groß war der Rucksack, und so kletterte er das letzte Stück zu den beiden Höhlen hinauf. Die Wolke, durch die sie aufgestiegen waren, lag immer noch unter ihren Füßen und die Wolken über ihnen waren auch noch da. Doch dazwischen

konnten sie vollkommen klar die Spitze des Dreihöhlenbergs sehen. Und es war ganz still, es
regnete nicht mehr. Großvater kletterte bergauf,
sehr schnell, als wäre er ungeduldig. Zu ihren
Füßen lag die Wolke wie ein großes Milchmeer
und vor ihnen war der Gipfel des Berges mit den
beiden Höhlen, die wie zwei Augen auf sie herab-
starrten.

Und genau da, als Großvater nur noch ein paar
Meter vom Höhleneingang entfernt war, geschah
das Furchtbare.

Vielleicht waren die Steine schlüpfrig geworden
vom Regen. Oder Großvater hatte es zu eilig gehabt, zur Höhle zu gelangen. Jedenfalls rutschte
plötzlich sein Fuß ab, er schwankte, die Kinder
sahen, wie er taumelte und wild mit den Armen
durch die Luft ruderte, um das Gleichgewicht
wiederzugewinnen, und dann fiel er.

Er kullerte den steinigen Abhang hinunter, im
Fallen riss er Steine mit, es krachte unschön in
der Stille und dann landete er mit einem dump-
fen Plumps in einer Felsspalte.

Sie hörten, wie er ein bisschen stöhnte, und
einen Augenblick glaubten die Kinder, dass er zu
Tode gestürzt wäre. Doch dann sahen sie, wie er
sich wand, sein Gesicht war verzerrt, als täte ihm

etwas wahnsinnig weh, und dann hörten sie, dass er etwas sagte.

»Alter Trottel«, sagte er wie zu sich selbst. »Jetzt hast du dir was Schönes eingebrockt. Du Supertrottel.«

Und sie wussten, dass eine Katastrophe passiert war.

Marcus wagte sich als Erster zu ihm hin.

Großvater lag ganz still auf der Erde, den Rucksack hatte er noch umgeschnallt und er sah mit einem etwas komischen Lächeln zu Marcus auf, als hätte er starke Schmerzen, als schämte er sich aber auch ein bisschen und möchte sich am liebsten entschuldigen.

»Wie geht's?«, fragte Marcus.

Großvater grummelte etwas und versuchte sich von seinem Rucksack zu befreien; aber irgendetwas tat ihm anscheinend furchtbar weh und er ließ es bleiben.

»Ich glaube«, sagte er, »ich habe mir das Bein gebrochen. Ja, bestimmt. Ich habe mir tatsächlich das Bein gebrochen.«

»Sollen wir wieder nach Hause gehen?«, sagte Marcus.

Großvater versuchte zu lachen, aber es hörte

sich komisch an, überhaupt nicht wie das gewöhnliche ruhige und ziemlich nette Lachen, das er sonst hatte.

»Das kann ich wohl nicht«, sagte er. »Ich wollte, ich könnte es.«

»Was machen wir denn jetzt?«, fragte Mina. Und ihr war anzumerken, dass sie begriffen hatte, wie schlimm es jetzt um sie alle stand und dass etwas sehr, sehr Schlimmes geschehen war, denn ihre Stimme bebte, als sie die Frage stellte.

Und da, genau da, fing es an zu regnen. Es war nicht der leichte Regen von vorher, es war ein schwerer, richtig unangenehmer Regen und plötzlich sahen sie, dass es nicht nur Regen war, es war Schneeregen, Regen mit Schnee vermischt, kalt und ekelhaft.

Und auf einmal hatten sie alle große Angst.

Es war, als hätte Großvater keine Antworten mehr auf all ihre Fragen, er lag nur da auf der Erde, mit verzerrtem Gesicht, als hätte er starke Schmerzen, und versuchte den Rucksack abzustreifen.

»Opa«, sagte Moa und brach in Tränen aus.

Was sollten sie tun? Großvater hatte endlich den schweren Rucksack abgeschnallt, lag da auf der Erde, keuchte schwer und schaute zur Höhle hinauf, die er nur um wenige Meter verfehlt hatte. Der Schneeregen fiel immer dichter, sie fühlten sich kalt und elend, sie waren vom Basislager eins in der ersten Höhle fünf Stunden unterwegs gewesen und Großvater hatte sich das Bein gebrochen.

Was sollten sie bloß tun?

»Wir müssen da hinauf«, sagte Großvater. »Wir müssen einander helfen, sonst erfrieren wir, wenn wir nicht in der Höhle Schutz finden.«

»Du kannst aber nicht gehen«, sagte Marcus und weinte verzweifelt. »Wie sollen ... wie können wir ...«

Großvater hörte auf zu stöhnen und sah ihn an.

»Marcus«, sagte er. »Stell dir vor, man könnte mit dem Rad an einer Tanne hochfahren. Kannst du dir das vorstellen?«

Marcus schluchzte nur.

»Stell es dir vor!«, sagte Großvater. »Stell dir vor, man kann eine Tanne hinauffahren.«

»Jaaa ...«

»Dann schafft man es auch da hinauf. Ich kann nicht mit dem Rad fahren und gehen auch nicht, aber ich kann kriechen. Okay?«

»Okay«, sagte Marcus und hörte auf zu schluchzen.

»Gut«, sagte Großvater. »Wenn du den Rucksack nimmst, dann helfen Mina und Ia mir zu kriechen.«

Und so machten sie sich an den Aufstieg.

4.

Hinterher konnten sie sich fast nicht daran erinnern, wie sie es geschafft hatten.

Es musste fast eine Stunde gedauert haben, die fünfundzwanzig Meter bis zur Höhle hochzukommen; Ia und Mina schleppten Großvater, er ließ die eine Seite schleifen, und man sah ihm an, dass das gebrochene Bein schrecklich wehtat. Er zog es gewissermaßen hinter sich her und murmelte die ganze Zeit vor sich hin, was für ein Idiot er gewesen sei, und warum hatte er die Kinder da hineinziehen müssen. Das hatte er jetzt davon. Es war sehr nass. Als Letzter kam Marcus, der den Rucksack den steilen Felspfad hinaufschleppte, Dezimeter um Dezimeter.

»Kämpfen, Marcus!«, sagte Großvater dann und wann.

Als ob sie nicht alle kämpften. Denn das taten sie wirklich.

Endlich erreichten sie die Höhle.

Sie war größer als die erste Höhle, die jetzt das Basislager eins war, aber der eigentliche Höhleneingang war kleiner, ungefähr einen Meter hoch. Im Innern der Höhle war es vollkommen dunkel, aber Großvater wälzte sich durch den Eingang hinein und stöhnte dabei lauter als während der ganzen letzten Stunde. Ia und Mina taumelten hinterher und danach Moa und Marcus und der Rucksack.

Mischa trottete jetzt als Letzte am Schluss. Ihr Fell war völlig durchnässt. So erreichten sie die zweite Höhle am Dreihöhlenberg. Und waren drinnen.

Erst jetzt schauten sie sich in der Höhle um.

Es war so dunkel, dass sie fast nichts sehen konnten. Und sie erwarteten ja auch nicht, irgendetwas zu sehen. Sie wussten ja, dass die Höhle leer war. Da waren sie sich ganz sicher.

Doch irgendetwas war, etwas Komisches, plötzlich spürten sie es.

Großvater lag nur auf dem Rücken und keuchte, aber Marcus schien etwas entdeckt zu haben, und Mina meinte etwas zu hören, wie ein schwaches Piepen, oder Jammern, und dann ein leises

Zischen; aber Mischa konnte es nicht sein. Sie saß noch vor der Höhle und blickte gebannt hinüber zu der Öffnung der dritten Höhle, die fünfzig Meter entfernt lag.

Nein, es war etwas Komisches.

Plötzlich zeigte Marcus ins Innere der Höhle, sagte aber nichts, zeigte nur. Und alle schauten.

Da sahen sie im Dunkeln ein Paar Augen, die ihnen entgegenleuchteten. Es war ein Augenpaar, das hellgelb glühte und sich nicht bewegte, sondern starr und unverwandt aus dem Dunkel der Höhle auf sie gerichtet war. Alle Kinder sahen es. Und schließlich drehte auch Großvater den Kopf und da sah er es auch.

Alle wussten mit einem Mal, was es war, denn langsam gewöhnten sich ihre Augen an das Dunkel und ebenso langsam erkannten sie die Umrisse eines Wolfs, eines großen Wolfs in der Tiefe der Höhle an der hinteren Wand. Ein Wolf, der sie mit intensiv leuchtenden gelben Augen anstarrte.

Ein Wolf. Sie waren in eine Wolfshöhle gekommen. Und Marcus zeigte noch immer, als hätte er noch etwas anderes entdeckt. Und da sahen auch sie das andere. Denn unmittelbar unter den leuchtend gelben Wolfsaugen sahen sie ein zweites Augenpaar. Nicht so groß, nein, viel kleiner, wie von einem kleineren Wolf, vielleicht einem sehr kleinen Wolf.

Und auf einmal verstanden sie.

Es war ein Wolfsjunges.

Die Wolfsmörder greifen an

1.

Nachher war genau das der Augenblick, an den
Mina sich am besten erinnern sollte: wie sie ganz
still im Halbdunkel auf dem Boden der Höhle
gesessen und dann gesehen hatten, dass in der
Höhle nicht nur eine Wolfsmutter war, eine große
Wölfin, die vielleicht gefährlich war und bereit,
sie anzugreifen, sondern auch ein kleiner Wolf,
ein Wolfsjunges.

Und dass sie dieses Wolfsjunge kannten.

Sie hatten das daran gemerkt, dass das Wolfsjunge plötzlich aufgesprungen war und sich bewegte und über den Höhlenboden tappte, zu Mina ging und sie beschnüffelte. Zuerst ihre Hand, dann ihre Hose. Und schließlich war es fast an Mina hochgeklettert und hatte an ihrem Gesicht geschnüffelt und dann, als wäre es erst jetzt ganz sicher, eine Freundin wiedererkannt zu haben, hatte es vorsichtig ihre Wange geleckt.

»Es ist Maja-Rubert«, flüsterte Marcus.

Da fing Mina wieder an zu weinen. Nicht weil sie so traurig war, sondern weil sie so furchtbare Angst gehabt hatte und jetzt wieder froh geworden war.

Großvater lag auf dem Boden und war ganz still. Man sah ihm an, dass er gern gejammert hätte, aber er biss auf die Zähne, weil er den Kindern keine Angst machen wollte.

Das Wolfsjunge war lebhaft und fröhlich und lief umher und begrüßte sie alle, aber nach einer Weile stand die Wolfsmutter auf. Sie ging langsam zu dem Jungen, packte es am Nackenfell und trug es zurück. Die Kinder schauten zu, jetzt etwas ruhiger.

Es war, als erinnerten sich die Wolfsmutter und das Wolfsjunge an das, was geschehen war: dass das Junge von den Kindern und Mischa gerettet worden war. Aber ein wenig misstrauisch war die Mutter doch. Als Mischa vorsichtig zu ihnen hinübertrottete, um Maja-Rubert zu begrüßen, öffnete die Wolfsmutter warnend den Rachen und sagte etwas, was sich anhörte wie AAAAaaaaauuuup, beinah wie ein Rülpsen, und da bewegte Mischa sich vorsichtig rückwärts und tat so, als hätte sie überhaupt keine Angst, sondern gähnte nur, und dann tat sie, als regnete es, was es ja vor der Höhle auch tat.

»Macht den Rucksack auf«, sagte Großvater. »Nehmt die Isomatten und die Schlafsäcke und breitet sie auf dem Boden aus. Wir müssen wieder warm werden.«

Ia und Mina machten sich sogleich an die Arbeit. Alle froren, alle waren ein wenig hungrig und je mehr sie nachdachten, desto elender fühlten sie sich. Großvater war verletzt und konnte nicht gehen. Das Handy funktionierte hier oben auf dem Berg nicht. Es regnete und in ein paar Stunden würde es dunkel sein.

Die Lage war katastrophal.

Die Kinder zogen ihre Regensachen und Schuhe

aus und krochen in die Schlafsäcke. Da ging es ihnen sofort besser. Sogar Marcus, der ein richtiger Fröstling war und oft fror, weil er so klein und mager war, hörte auf zu zittern.

Großvater setzte sich vorsichtig auf und befühlte sein Bein. Sein Gesicht war ganz weiß. Wenn er nur an das gebrochene Bein rührte, tat es weh, das konnte man sehen, denn dann sperrte er den Mund auf, ungefähr wie Skrutten, wenn er an Lottas Brust trinken sollte.

Aber kein Ton kam aus Großvaters Mund, nicht einmal ein Schnalzen. Doch es sah ein bisschen zum Fürchten aus.

»Hört her, Kinder«, sagte Großvater schließlich. »Die Lage ist folgende: Wir sind schlimm dran, doch nichts ist hoffnungslos. Diese Nacht überstehen wir. Aber wir müssen der Zivilisation eine Nachricht zukommen lassen.«

»Was ist die Zivilisation?«, fragte Marcus.

»Gunilla«, sagte Großvater. »In diesem Augenblick, liebe Kinder, ist Gunilla Thorgren, 58 Jahre alt, die Zivilisation. Es ist das einzige Mal in ihrem Leben. Aber heute Abend können wir ihr keine Botschaft mehr senden. Und niemand erwartet uns vor übermorgen Abend. Heute Nacht müssen wir versuchen, hier zusammen mit den Wölfen zu überleben. Aber morgen früh ... da müssen wir ...«

Und dann verstummte er.

»Hast du einen Plan?«, fragte Ia.

»Ja«, antwortete Großvater. »Ein Expeditionsleiter muss immer einen Plan haben, wenn eine Katastrophe eintrifft. Ich habe einen Plan. Doch zuerst müssen wir die Nacht hinter uns bringen, ohne zu erfrieren.«

»Was sollen wir denn essen?«, sagte Marcus, der fast ständig hungrig war.

Großvater seufzte schwer.

»Wir haben zehn Daim und acht Keksschokoladen. Dazu Würstchen und ungefähr vierhundert Gramm Karamellbonbons. Das ist alles. Davon werden wir nicht fett. Aber wir sterben auch nicht.«

»Ja, wenn du nur einen Plan hast, Großvater«, sagte Mina. »Hast du einen?«

»Ich habe einen Plan«, sagte Großvater.

Da sagte Marcus: »Ich gebe Maja-Rubert meine Keksschokolade.«

Alle sahen ihn an. Alle fanden auf einmal, dass Marcus ein unglaublich prima Kerl war, aber ein bisschen verwundert waren sie schon.

»Dann kriegst du von meiner die Hälfte ab«, sagte Ia.

Da lächelte Marcus sie ein bisschen schüchtern an und es war, als hätten sie sich in ihrem ganzen Leben noch nicht gestritten, als hätte Ia noch niemals mit lauter und böser Stimme MARCUS! gesagt, sondern als wäre alles jetzt verändert und sie wären Bruder und Schwester geworden, die immer, immer zusammenhalten und sich niemals je wieder zanken würden.

Und so bereiteten sie sich auf die entsetzliche dunkle Nacht vor, die sie nie mehr vergessen würden.

2.

Die Dunkelheit brach früh herein und der Regen ließ nicht nach.

Die Höhle war vollkommen dunkel, Mina fand keinen Schlaf und sie merkte, dass Großvater auch nicht schlafen konnte. Er stöhnte dann und wann, wenn auch leise. Sie hatten die beiden Schlafsäcke rechts und links von ihm ausgebreitet, um ihn warm zu halten; er hatte versucht, in den größeren Schlafsack zu kriechen, schaffte es aber nicht wegen seines gebrochenen Beins. Aber wenn sie die Schlafsäcke auf beiden Seiten an ihn legten, wurde er wärmer, und nach einer Weile kam Mischa darauf, sich auf seinen Bauch zu legen.

Da wurde er warm.

Mina lag lange so da und schaute ins Dunkel der Höhle und sah die zwei auf sie gerichteten gelben Augen des großen Wolfs glühen, doch nach einiger Zeit begannen die Augen der Wolfsmutter zu blinken und dann waren die beiden gelben Punkte verschwunden. Da verstand Mina, dass die Wolfsmutter schlief. Sie hörte die anderen Kinder ruhig atmen, als ob sie auch schliefen, und nach einer Weile spürte sie, wie etwas sich an ihrer Wange bewegte, etwas Weiches und Warmes.

Es war die Nase des Wolfsjungen.

Mina öffnete behutsam, ganz behutsam das oberste Stück des Schlafsacks, damit keins der anderen Kinder wach würde. Das Wolfsjunge atmete leicht an ihrer Wange. Dann fühlte sie, dass es zur Öffnung des Schlafsacks hinaufkrabbelte und an ihrer Seite hineinkroch.

»Was glaubst du, was deine Mama sagt, wenn du hier schläfst?«, flüsterte Mina.

Keine Antwort. Das Wolfsjunge stupste mit der Schnauze nur ihre Schulter an, kroch in ihre Achselhöhle, seufzte einmal auf und schlief ein.

Vorsichtig zog sie den Reißverschluss des Schlafsacks zu. Jetzt war es warm. Großvater war wach, aber er fror nicht, er hatte ja Mischa über sich als Decke.

Und da schlief Mina ein. Sie träumte nichts, nicht von Krokodilen und nicht von Menschenfressern, sie schlief nur tief und still mit dem Wolfsjungen in der Achselhöhle.

3.

Mina erwachte davon, dass jemand sich bewegte.

Es war Großvater. Er hatte Mischa von seiner Brust heruntergehoben, sich aufgesetzt und betrachtete verdrossen sein gebrochenes Bein.

Draußen war es hell geworden. Der Regen hatte aufgehört, der Höhleneingang war wie eine helle, runde Öffnung, die Nacht war vorbei. Mina versuchte sich zu erinnern, ob sie wirklich gegessen hatten: Dann erblickte sie eine Menge leerer Papiere von Keksschokolade überall und hinten, an der Stelle, wo die Wolfsmutter geschlafen hatte, eine ungeöffnete Keksschokolade.

Aber die Wolfsmutter war nicht da. Sie war hinausgegangen. Vielleicht mag sie keine Keksschokolade, dachte Mina, sagte aber nichts, hob nur das Wolfsjunge aus dem Schlafsack.

»Mama kommt bald zurück«, sagte Mina mit dieser erwachsenen Stimme, die sie von *ihrer* Mama gelernt hatte, »sie ist nur bei der Arbeit und kommt bald zurück, sei unbesorgt. Gehst du in eine Kita?«

Das Wolfsjunge sah nur zu ihr auf und man sah, dass es die Frage ziemlich komisch fand, denn es antwortete nicht.

»Wir müssen alle miteinander wach werden«, hörte Mina Großvater sagen. »Jetzt geht es ums Ganze.«

»Hast du einen Plan?«, fragte Marcus mit sehr zarter und dünner und ängstlicher Stimme aus dem Innern des anderen Schlafsacks.

»Ja«, sagte Großvater.

»Der uns rettet?«

»Ja«, sagte Großvater.

»Prima«, erwiderte Marcus mit seiner neuen dünnen ängstlichen Stimme. »Prima. Respekt.«

Und dann legte Großvater ihnen den Plan dar, der sie aus ihrer Notlage retten sollte.

Es konnte gegen acht Uhr am Morgen sein. Normalerweise, an einem gewöhnlichen Tag, wären Moa und Marcus auf dem Weg zur Kita, Ia und Mina auf dem Weg zur Schule und Mischa auf ihrem Spaziergang mit Großvater.

Doch dies war kein normaler Tag.

»Ich kann mich nicht bewegen«, sagte Großvater. »Mein Handy funktioniert nicht. Wir müssen mit der Zivilisation in Kontakt kommen.«

»Mit Gunilla also«, sagte Marcus ein bisschen stolz, weil er begriffen hatte.

»Ja, Gunilla, damit sie Kontakt aufnimmt zu den Leuten, die uns hier herunterhelfen können. Vor allem mir herunterhelfen können. Ich glaube, dass dazu ein Polizeihubschrauber nötig ist. Aber einer muss zum Haus hinuntergehen. Und bis dahin sind es fünf Stunden und es ist kein einfacher Weg. Moa und Marcus schaffen das nicht und ich fürchte, dass …«

Da verstummte Großvater. Schließlich fuhr er fort:

»Ia, glaubst du, du schaffst es ins Tal hinunter? Du kannst nicht allein gehen, du musst Mischa mitnehmen. Mischa findet den Weg und du bist von euch Kindern das größte und kräftigste. Du musst die Polizei alarmieren. Glaubst du, du schaffst das?«

Alle sahen Ia an. Sie saß auf dem Boden und kraulte das Wolfsjunge hinter den Ohren und dann blickte sie auf und sah die anderen an. Alle sahen sie an. Was sollte sie sagen? Es war weit hinunter zum Haus, es war ein schwieriger Abstieg zum Basislager eins und danach noch einmal fast ebenso weit bis zum Haus.

»Ich kann also Mischa mitnehmen?«, sagte sie.

»Du *musst* Mischa mitnehmen«, sagte Großvater. »Ohne Mischa lass ich dich nicht gehen.«

Da nickte Ia und sagte nur:

»Dann tu ich's.«

Fünf Minuten später war sie zum Aufbruch bereit.

Alle waren ganz still, aber sie steckten ihr zwei Daim und eine Keksschokolade zu und fünf Fleischbällchen für Mischa, falls sie erschöpft wäre, und sie zogen Ia Regenzeug an.

»Soll ich Mischa an die Leine nehmen?«, fragte Ia.

»Ja«, sagte Großvater. »Mischa soll dich nach Hause führen. Mischa führt dich, nicht du sie. Ihr müsst zusammenbleiben. Was auch geschieht.«

Alle gingen zu Mischa und kraulten sie zum

Abschied hinter den Ohren. Mischa sah feierlich aus, aber ganz ruhig. Ia sagte nicht viel, aber Mina sah, dass ihre Unterlippe ein wenig zitterte.

»Wir verlassen uns auf dich«, sagte Mina.

Und Marcus stand vor dem Eingang der Höhle und sah seine Schwester an, und dann trat er zu Ia und drückte sie ganz, ganz lange und sagte: »Frau kann.«

Denn er hatte gehört, dass man das sagen musste vor etwas, was beinah unmenschlich schwierig war. Und er hatte Tränen in den Augen.

Dann brachen Mischa und Ia zu ihrer langen und schwierigen Entsetzungsexpedition auf, um Hilfe heranzuschaffen für die am Dreihöhlenberg in Not Geratenen.

Sie standen alle vor der Höhle und sahen, wie Mischa Ia den Berg hinunterführte, wie zwei kleine Punkte, die kleiner und kleiner wurden und schließlich ganz verschwunden waren.

4.

In der Tagesmitte brach die Sonne durch die Wolken, aber von der Wolfsmutter war nichts zu sehen.

Maja-Rubert wurde immer unruhiger und knurrte, Marcus nahm das letzte Stück Keksschokolade, verrührte es in dem Wasser, das an der Höhlenwand herunterlief, und versuchte mit einem Löffel aus Großvaters Notausrüstung, das Wolfsjunge mit Schokoladensuppe zu füttern. Es aß ein paar Löffel, wollte dann jedoch nichts mehr haben.

Mina begann, Lirum larum Löffelstiel zu singen, aber dadurch wurde niemand aufgeheitert.

»Wir müssen uns vielleicht auf eine weitere Übernachtung vorbereiten«, sagte Großvater.

Da fing Moa an zu weinen.

Ungefähr um diese Zeit, gegen fünf Uhr am Nachmittag, hörten sie den Schuss.

Er kam aus großer Entfernung und doch auch wieder nicht.

Der Knall hallte zwischen den Bergen wider und es dauerte mehrere Sekunden, bis das Echo verklang; alle stürzten zum Höhleneingang, außer Großvater natürlich, und spähten über das Tal. Neue Wolken waren über dem Wald und dem Tal herangezogen, der Wald unterhalb des Berges war völlig bedeckt, eine Wolke lag wie eine weiße Wattedecke ein Stück unter ihnen. Als wäre der Berg ein großes Schiff auf einem weißen Meer.

Und dann war das Echo des Schusses verhallt.

Sie saßen in atemlosem Schweigen da und warteten. Es war vollkommen still. Man hörte nur das immer unruhigere Wimmern des Wolfsjungen, das schließlich den Kopf in die Luft reckte und zu heulen begann. Sie hatten das Wolfsjunge bisher noch nicht heulen hören, aber jetzt heulte es, UuuuuuuuuUUUUuuuuuuuuu, ruhig und traurig, und dann verstummte es.

Da erblickten sie die Wolfsmutter. Sie kam in langen Sätzen von rechts den Berghang herauf, es war, als wäre sie aus dem weißen Meer aufgetaucht, sie sprang von Klippe zu Klippe, es ging so schnell, dass sie beinah den Berg heraufflog und hin zur Höhle.

»Es sind die Jäger!«, schrie Marcus. »Sie haben auf sie geschossen!«

Jetzt war die Wolfsmutter bei der Höhle. Das Wolfsjunge sprang herum wie verrückt, immer um sie herum, und die Wolfsmutter packte Maja-Rubert im Nacken und hob sie in die Höhle, warf sie praktisch hinein. Dann kam sie wieder heraus, stellte sich an den Höhleneingang und spähte übers Tal.

Keine Bewegung da unten. Aber da sahen sie, dass die Wolfsmutter blutete.

Es war keine große Wunde. Aber sie begriffen sofort, dass nicht viel gefehlt hatte und sie wäre von einer Kugel schwer verletzt worden. Auf der einen Seite ihres Halses verlief ein blutiger Strich, der Schuss hatte nur ihr Fell gestreift, war aber nicht tief eingedrungen. Doch es hatte geblutet.

»Sie blutet«, sagte Mina. »Hast du ein Pflaster, Großvater?«

»Pflaster«, sagte Moa und streckte einen Zeigefinger vor, wie sie es immer tat. »Moa will ein Pflaster!«

»Hol den Rucksack!«, sagte Großvater aus dem Innern der Höhle.

Großvater hatte ein Erste-Hilfe-Päckchen im Rucksack, einen kleinen Verbandskasten, der in äußerster Not benutzt wurde. Mina kroch in die Höhle und gemeinsam förderten sie eine Flasche Desinfektionsmittel zu Tage. Das benutzten sie immer, wenn jemand Schürfwunden hatte. Es brannte ganz fürchterlich, und früher, bevor all das mit dem Krokodil und der Expedition und dem Unglück mit Großvater geschehen war, hatte Mina immer wie am Spieß gebrüllt, wenn sie damit abgetupft wurde. Aber das war ja lange her, das war vor dem allem. Von jetzt an würde Mina nie mehr wie eine Wahnsinnige wegen fast nichts schreien.

Mit einer kleinen Flasche Desinfektionsalkohol und einem Wattebausch in der Hand kam Mina aus der Höhle. Sie trat zu der Wolfsmutter, zog den Korken aus der Flasche und sagte zu dem großen Wolf, der jetzt dastand und wachsam übers Tal starrte:

»Am Anfang brennt es ein bisschen, aber dir wird es nichts ausmachen, so tapfer, wie du bist.«

Die Wolfsmutter wandte den Kopf zu Mina um und sah sie an, als traute sie ihren Ohren nicht.

»So, jetzt brennt es gleich«, sagte Mina.

Und hinterher sollte Mina immer wieder davon erzählen, wie fantastisch es war: dass die Wolfsmutter nicht mit einer Miene und nicht mit einem Laut verriet, dass es brannte, obwohl sie vielleicht ein winziges bisschen zusammenzuckte. Aber kein Laut, fast nicht einmal ein Zwinkern.

»Oh, du bist so tapfer«, sagte Mina. »Jetzt ist die Wunde sauber. Jetzt zündet sie sich nicht mehr an.«

Und da, genau da, sahen sie die Jäger kommen.

5.

In Windeseile stürzten alle Kinder zurück in die Höhle. Als Letzte kam die Wolfsmutter. Sie ging schnurstracks zu ihrem Platz im hintersten Teil der Höhle, hob das Wolfsjunge an die Wand und legte sich als Schutz davor.

»Sie werden sie erschießen«, sagte Marcus.

»Nur ruhig«, sagte Großvater. »Sie wissen nicht, dass wir hier sind.«

»Ja, und wenn schon?«, sagte Marcus. »Das weißt du nicht. Sie sind doch Mörder.«

»Vielleicht kriegen sie Angst, wenn sie dich sehen«, versuchte Mina zu scherzen.

Marcus sah sie nur an.

Und plötzlich, als wäre es vollkommen unerträglich zuzusehen, wie die Wolfsmutter und ihr Junges sich in die Tiefe der Höhle drückten und darauf warteten, dass die Jäger kamen und sie erschossen, plötzlich schien ihm eine Idee zu kommen.

Er sprang auf, stürzte aus der Höhle und stellte sich auf den kleinen Felsvorsprung vor der Höhle. Die beiden Jäger waren jetzt ganz nah herangekommen, sie waren nur noch fünfzig Meter entfernt und sie kletterten immer schneller zur Höhle hinauf, als wüssten sie schon, dass der Wolf darin war.

Und Marcus stellte sich hin und fuchtelte mit den Armen und schrie, so laut er konnte:

»MÖRDER, VERFLUCHTE!!!«

Es gab ein Echo zwischen den Bergen.

Die beiden Jäger hielten inne und starrten wie gelähmt zu Marcus hinauf. Was war das? Was war das für ein Verrückter?

»Ihr seid entdeckt!«, schrie er. »VERFLUCHTE WOLFSMÖRDER!«

Man sah, dass sie ein paar Worte wechselten, der eine schüttelte den Kopf. Beide hatten ein Gewehr. Offenbar wussten sie nicht, was sie tun sollten. Sie hatten einen Wolf gejagt und waren fast sicher, ihn angeschossen zu haben. Und dass er jetzt in der Höhle gefangen war.

Aber jetzt stand ein kleiner, kleiner Kerl in Stiefeln und grünem Regenzeug da oben und schrie.

»Gleich kommt die POLIZEI, wir haben ALARM gegeben!«, schrie er, und jetzt sah man, wie sie wieder miteinander redeten, und einer von ihnen schüttelte den Kopf und schickte sich an, weiter bergauf zu steigen.

»Sei still, Marcus!«, sagte Großvater aus dem

Innern der Höhle, aber Marcus dachte nicht daran, still zu sein. Ihm war beinah nach Weinen zu Mute, doch dann fasste er sich ein Herz und brüllte:

»Der Polizeihubschrauber ist unterwegs und dann ...«, und er wusste nicht richtig, wie er fortfahren sollte, aber dann fasste er sich zum zweiten Mal ein Herz und schrie:

»... und dann werdet ihr GEFOLTERT!«

Jetzt begann auch der zweite Jäger heraufzusteigen. Es war sinnlos. Die in der Höhle Verborgenen waren verloren. Und die Wolfsmutter. Und Maja-Rubert. Doch plötzlich hörten sie ein eigentümliches Geräusch.

Die Männer blieben stehen und blickten zum Himmel. Und dort drüben in der Ferne sahen sie einen schwarzen Punkt, der langsam größer wurde, und Marcus sah ihn auch: Es sah aus wie ein schwarzer, schwirrender Vogel, der dicht über der Wolkendecke flog, über dem weißen Meer, und er hielt Kurs auf den Dreihöhlenberg.

Er flog schnell. Nicht mit Flügeln, sondern mit rotierenden Propellerblättern. Und er kam immer näher und sie sahen, was es war: ein Polizeihubschrauber.

POLIZEI stand auf der Seite des Hubschraubers. Mit sehr großen Buchstaben. Und da machten die Jäger kehrt und liefen verzweifelt den Berg hinunter und der eine fiel, kam wieder hoch und versuchte weiterzulaufen, konnte es aber nicht, ließ das Gewehr fallen und starrte zum Hubschrauber hinauf, der sich in eine steile Kurve legte.

Der andere lief weiter und war schließlich vom Nebel verschluckt. Der zweite konnte sich kaum bewegen. Er setzte sich auf die Erde und wälzte sich herum, als hätte er starke Schmerzen.

Der Polizeihubschrauber zog immer engere Kreise über ihm.

Die dritte Höhle

1.

Ia konnte sich nicht daran erinnern, auf welchem Weg sie zum Berg gekommen waren, doch Mischa konnte es. Jetzt sollten sie auf demselben Weg hinuntersteigen und es eilte. Wenn sie es nicht vor Einbruch der Dunkelheit schafften, waren sie verloren.

Beim Aufstieg hatte sie hauptsächlich nach unten geschaut, auf ihre Füße und auf die Steine,

aber Mischa hatte sich die ganze Zeit umge-
schaut und erinnerte sich. Man merkte ihr an,
dass ihre Vorfahren Schlittenhunde in Sibirien gewesen waren: Sie senkte den Kopf, zog gleichmäßig, sah sich nie um.

Mischa, dachte Ia, auf dich kommt alles an. Du
musst den Weg finden. Die anderen sitzen oben
in der Höhle und verlassen sich auf uns. Mischa,
du musst hinfinden.

Aber sie sagte nichts. Folgte Mischa nur, die
gleichmäßig zog.

Nein, Mischa würde sie nicht enttäuschen.

Kein Regen mehr, aber es war, als ginge man in
dicker Milch.

Jetzt weiß ich, was es bedeutet, Hund zu sein
und an der Leine geführt zu werden, dachte Ia.
Denn Mischa war diejenige, die bestimmte, wo
sie gehen sollten. Sie waren durch die weiße
Wolke hinabgestiegen und hatten nur ein paar
Meter Sichtweite, es war unheimlich gewesen,
man hörte nichts außer dem Wasser, das von den
Felswänden tropfte, und dem Prasseln fallender
Steine. Und dann Mischa, die vor ihren Füßen
hechelte und genau zu wissen schien, welchen
Weg sie zu gehen hatten.

Dann kamen sie aus der Wolke heraus, auf ihrer Unterseite, und konnten besser sehen. Ia machte jede Stunde eine kurze Pause, sonst würde sie es nicht schaffen, und das sagte sie Mischa. Dann setzte Mischa sich zu ihren Füßen hin und blickte besorgt zu ihr auf.

»Du brauchst dir keine Sorgen zu machen, Mischa«, sagte Ia da. »Ich schaffe es schon, aber ich muss mich zwischendurch ausruhen.«

Einmal fing sie an zu weinen, weil sie so müde war, aber da stellte Mischa sich auf die Hinterbeine und leckte ihr das Gesicht und Ia musste lachen und da war es wieder gut.

Das Schlimmste war, dass Ia Blasen bekam. Einmal setzte sie sich hin und zog den Stiefel aus, und da sah sie, dass die Ferse blutete, doch sie hatte den Stiefel einfach umgedreht und das Blut ausgegossen, ohne zu weinen. Sagte nur SHIT!, denn sie hatte bei ihrem Papa gehört, dass man das sagte, wenn einem richtig elend zu Mute war.

Dann gingen sie weiter.

Ihre Beine fühlten sich vollkommen taub an. Ein paar Mal fiel sie und schrammte sich die Hände auf. Mischa blieb jedes Mal stehen, man sah, dass sie unruhig war. Einmal, als Ia fiel und fast nicht wieder auf die Beine kam, begann Mischa beinah am ganzen Körper zu zittern. Vielleicht war sie auch müde. Vielleicht fürchtete sie, dass Ia es nicht schaffte.

Da leckte sie Ia das Gesicht. Es war, als ob sie sagen wollte: Nicht aufgeben! Frau kann.

»Ich bin okay, Mischa. Geh weiter.«

Und sie gingen weiter, obwohl sie immer langsamer wurden. Sie wussten beide, dass sie vor Einbruch der Dunkelheit ankommen mussten.

Sie brauchten sechs Stunden bis zum Haus.

Ia war schweißnass und ihre Handflächen bluteten. Mischa bellte schon aus einiger Entfernung mächtig laut, damit Gunilla auf sie aufmerksam wurde. Sie kam mit Skrutten auf dem Arm auf die Veranda und schrie fast, als sie erfuhr, was passiert war.

Mischa ging ins Haus und trank Wasser aus ihrem Napf. Ia saß nur auf der Terrasse und keuchte und sah nur vor sich hin und dachte an gar nichts, nur, dass sie es geschafft hatte. Gunilla rief den Rettungsdienst in Karlstad an und die Polizei.

»Aber wie finden wir sie?«, fragte Gunilla. »Sie wissen ja nicht, wo die Höhlen liegen.«

»Nur ruhig«, sagte Ia. »Ich weiß es. Sie sind in der zweiten Höhle, ich fliege im Hubschrauber mit. Es gibt drei Höhlen im Berg, die erste ist

Basislager eins mit dem Proviant, da ist es nicht, die zweite ist die Wolfshöhle, da ist es.«

»Und was ist in der dritten Höhle?«, fragte Gunilla.

»Ich weiß nicht«, sagte Ia. »Wir sind nicht da gewesen.«

»Warum nicht?«

»Weiß nicht«, antwortete Ia.

Und da hörten sie das Geräusch des Rettungshubschraubers: Er kam aus Karlstad, schwenkte von Westen über den See Vällen, der unterhalb des Hauses lag, über das Dorf Helgeboda, hinunter zu dem Haus, das Söderås hieß, und landete auf dem Rasen, um Ia und Mischa an Bord zu nehmen, die beiden, die den Weg zeigen sollten zu den in Not Befindlichen in der zweiten Höhle am Dreihöhlenberg.

2.

Der Hubschrauber stieg hinauf durch die Wolke: In der Ferne türmte sich der Dreihöhlenberg auf, und man konnte ganz oben unter dem Gipfel des Berges die beiden Höhleneingänge sehen, die wie zwei schwarze Augen übers Tal blickten.

Ia spähte nach vorn, sie stand neben den beiden Piloten und zeigte und vor der rechten Höhle meinte sie einen kleinen Jungen mit blondem Haar erkennen zu können, der zu ihnen hinaufspähte.

Das musste Marcus sein. Komisch war, dass sie auch zwei Unbekannte sah: einen Mann, der in wilder Flucht den Berghang hinabbrannte und kurz darauf in der Wolke verschwand, die den halben Berg bedeckte. Und einen zweiten, der stürzte und sein Gewehr verlor und liegen blieb.

»Das sind die Jäger. Das sind die Wolfsmörder!«, rief sie dem Polizisten ins Ohr.

Er sah hinunter, der Hubschrauber legte sich in eine Kurve, er nickte.

»Hinter denen sind wir schon lange her«, sagte er.

Dann rief er über Funk den zweiten Hubschrauber.

Es war jetzt Zeit genug, die Wolfsmörder zu fassen, sie würden nicht entkommen. Doch zuerst mussten sie die in Not Befindlichen in der Höhle retten. Der Hubschrauber flog in einer weiten Kurve um die Spitze des Berges und suchte nach einem Landeplatz. Und sie hatten Glück, ein Stück über der Wolfshöhle war ein ebener Absatz, genau auf dem Gipfel. Der Hubschrauber sank langsam abwärts, auf die Landestelle zu, die Motoren dröhnten. Als der Hubschrauber sich dem Boden näherte, wurden Gras und Zweige aufgewirbelt, und mit einem Bums stand er auf der Spitze des Berges.

Sie waren da. Und Ia ging zur Kante der Spitze und sah hinunter und da stand Marcus und winkte, wild und glücklich, und dann kamen die anderen heraus, einer nach dem anderen, und die Kinder waren wieder vereint.

Die Piloten des Rettungshubschraubers gingen mit der Trage zur Höhle hinunter und zu Großvater hinein.

Er lag auf dem Boden und sah dankbar aus. Am allerdankbarsten war er, als einer der Piloten eine Spritze mit einem schmerzstillenden Medikament hervorholte und sie ihm ins Bein stach. Da sagte er OOOoooooufff und lächelte zum ersten Mal seit zwei Tagen. Anschließend hoben sie ihn behutsam auf die Trage und brachten ihn zum Hubschrauber. Mischa folgte ihnen die ganze Zeit, wie um zu überwachen, dass alles richtig gemacht wurde.

»Ihr habt es geschafft«, sagte Großvater zu Ia.

»Ohne Mischa wäre es nicht gegangen«, sagte sie und hörte sich enorm erwachsen an. »Ich meine, wir haben es zusammen gemacht.«

»Noch eine Nacht hätte ich nicht überstanden«, sagte Großvater.

»Doch«, sagte Mina, die zugehört hatte, »das hättest du bestimmt. Man kann mehr, als man glaubt.«

Und da wurde Großvater ganz stumm, denn er wusste, dass es stimmte, aber er hatte nicht gewusst, dass Mina es wusste. Und deshalb verstummte er ein bisschen.

Und dann hoben sie ihn in den Hubschrauber.

Die Zeit des Abschieds von den Wölfen war gekommen und sie fassten sich an den Händen und gingen in die Höhle, die ihnen einmal so erschreckend erschienen war, die ihnen aber trotzdem das Leben gerettet hatte. Sie gingen gemeinsam in die Höhle, um sich von der Wolfsmutter und dem Wolfsjungen zu verabschieden.

Einer nach dem anderen drückten sie das Wolfsjunge. Die Wolfsmutter sah zu. Ihr nickten sie nur zu, denn sie hatten ein bisschen Respekt vor ihr, und Marcus sagte nur, ein wenig feierlich: »Danke für die zusammene Zeit und es war mir ein Vergnügen.«

»Für die gemeinsame Zeit, heißt es«, sagte Ia.

Danach gingen sie zum Hubschrauber. Marcus verließ die Höhle als Letzter. Er stand da und sah zu, wie die anderen die wenigen Meter zur Hubschrauberlandestelle hinaufkletterten. Da war es, als käme ihm plötzlich ein Gedanke. Er sah Mina über die Kante verschwinden, blieb aber selbst stehen.

Es war noch etwas zu tun. Er hatte etwas vergessen. Oder richtiger: Sie *alle* hatten etwas vergessen.

Nur unweit von der Wolfshöhle lag ja noch eine Höhle. Es war die dritte Höhle am Dreihöhlenberg. Und plötzlich hatte Marcus einen Entschluss gefasst. Er wollte es wissen. Er wollte den Dreihöhlenberg nicht verlassen, ohne die dritte Höhle gesehen zu haben.

Es waren nicht mehr als fünfzig Meter dahin. Er musste zu der Höhle.

Ein schmaler Pfad verlief parallel zur Spitze des Berges und als Marcus ihm bis zur Höhle gefolgt war, fand er zuerst, dass die dritte Höhle genauso war wie die zweite. Eine runde Öffnung, vielleicht anderthalb Meter hoch. Völlig rund. Er trat vorsichtig näher und schaute hinein.

Zuerst sah er gar nichts. In der Höhle herrschte Halbdunkel. Dann sah er etwas. Es war etwas da drinnen, etwas sehr Großes und Braunes, ein großes Tier lag da, vielleicht schlief es, doch dann sah er, dass das Tier langsam den Kopf hob und ihn ansah.

Es war ein Bär.

Es war derselbe Bär, den er schon vorher gesehen hatte, der an der ersten Höhle vorbeigelaufen war, der gebrüllt hatte, so dass Mischa verstand, der Bär, der sie vor den Jägern gewarnt hatte. Es war derselbe. Marcus hatte die Höhle des Bären gefunden.

Sie sahen sich einen Augenblick an. Keiner rührte sich.

Dann sagte Marcus: »Du kannst ganz ruhig sein. Die Jäger sind bald gefasst. Der zweite Polizeihubschrauber ist auf dem Weg. Diese Mörder kommen nicht noch mal.«

Der Bär lag vollkommen still, nur den Kopf erhoben. Dann gähnte er, öffnete einen gigantischen Rachen, schloss ihn wieder und steckte den Kopf zwischen die Tatzen.

Er wollte schlafen. Es war, als wollte er sagen:

Versuch doch zu verstehen! Aber danke jedenfalls.

Danach ging Marcus zurück zu den anderen.

Der Hubschrauber mitsamt seiner Last von Ge-
retteten hob langsam vom Dreihöhlenberg ab
und nahm Kurs in östliche Richtung, zum Krankenhaus in Karlstad.

»Wo bist du so lange gewesen?«, fragte Ia
beinah ärgerlich. »Was hast du denn noch gemacht?«

»Ich hab einen Bären gesehen«, sagte Marcus.

Und dann fingen sie alle an zu lachen, es war
wie eine Erleichterung, wie eine Explosion: Die
Expedition war vorüber, sie waren in äußerster
Not gewesen, aber sie waren gerettet, und sie
lachten, weil sie fanden, dass Marcus so witzig
war.

Der Einzige, der nicht lachte, war Marcus.

Großvater lag auf der Trage, er lag ganz dicht
am Fenster und als der Hubschrauber aufstieg,
schaute er zum Berg zurück. Die Wolke um den
Berg war noch immer da und der Berg erhob sich
wie ein großer schwarzer Elefant über all dem
Weißen, und ganz oben waren die beiden Höhlen, deren Eingänge wie Augen waren, die Groß-

vater anblickten. Der Hubschrauber stieg langsam; und plötzlich sah Großvater, wie sich etwas im Eingang der dritten Höhle bewegte. Er drehte den Kopf, um besser zu sehen, und wischte ein wenig Beschlag vom Fenster.

Und da sah er es, ganz deutlich.

Ein Bär kam aus der Höhle, ein gigantischer brauner Bär, der sich auf seinen Hinterläufen aufrichtete und zu dem Hubschrauber aufsah.

Ein Bär. Marcus hatte wirklich einen Bären gesehen.

Der Hubschrauber wurde schneller, sie nahmen Kurs nach Osten und der Berg wurde kleiner und kleiner.

Großvater wandte sich an Marcus und fragte: »Was war's noch mal, was du gesehen hast, Marcus?«

Marcus war immer noch sauer und sagte nur leise: »Es glaubt mir ja doch keiner.«

Großvater sah ihn lange an, lächelte ein wenig, streichelte ihm den Kopf und sagte: »Doch, Marcus. Ich glaube dir.«

Der Hubschrauber hatte schon seine Flughöhe erreicht und nahm seine Reisegeschwindigkeit auf. Man konnte den Dreihöhlenberg nicht mehr sehen. Die Expedition war beendet.

4.

Die Wolfsmörder wurden am selben Abend gefasst, zuerst der eine, der sich verletzt hatte, dann der andere.

Sie hatten beim Gemeindehaus in Helgeboda, das neben dem Hof von Janne Johansson lag, einen Kastenwagen geparkt und der Wagen war voller geschützter Vögel, die sie geschossen hatten, und gestohlener Eier. Sie kamen aus Hannover in Deutschland.

Man kann sich fragen, ob sie wirklich verstanden hatten, was Marcus gerufen hatte. Doch das spielte ja keine Rolle.

Er hatte gerufen. Und sie hatten die Flucht ergriffen.

Hinterher gab es einen unglaublichen Aufstand.

Großvater bekam in der Universitätsklinik von Karlstad einen Gips und musste einige Tage dort bleiben, bevor er in das Haus in Helgeboda zurückkehren durfte. Vielleicht war es gar nicht so schlecht, dass er ein paar Tage seine Ruhe hatte. Es war nicht leicht zu erklären, wozu die Expedition eigentlich hatte gut sein sollen. Die Eltern von Mina und Moa gerieten völlig aus dem Häuschen und die Eltern von Ia und Marcus ebenso, und sie alle kamen nach Värmland und Gunilla musste schweres Geschütz auffahren, damit sie nicht ins Krankenhaus nach Karlstad fuhren, um Großvater auszuschimpfen.

In was hatte er die Kinder da hineingezogen! War er noch ganz gescheit? Es hätte ja wirklich böse enden können!

Doch weil die Kinder fröhlich und gelassen wirkten und fanden, dass es spannend gewesen war, beruhigten sich die Eltern beinah. Und Mats, der Papa von Marcus, kam auf die Idee, einen Rollstuhl mit Elektroantrieb für Großvater zu kaufen: Er hieß Handubishi, hatte drei Gänge und eine Höchstgeschwindigkeit von zwanzig Stundenkilometern, konnte aber, darauf legte der Papa von Marcus besonderen Wert, frisiert werden, so dass er fünfundvierzig Stundenkilometer fuhr. Großvater wurde in den Rollstuhl gesetzt und Mats hatte die Idee, den Rollstuhl als Rennwagen zu benutzen.

Man konnte ums Haus und um ein paar Pflöcke fahren, die auf dem Rasen eingeschlagen wurden. So hatte man eine Rennstrecke und konnte die Zeit stoppen. Als Erster fuhr Großvater ein paar Runden und seine beste Zeit war eine Minute und sechsundvierzig Sekunden. Dann setzten sie ihn mit ausgestrecktem Gipsbein auf den Rasen und Marcus durfte fahren. Er begann vorsichtig und erzielte in der ersten Runde eine Zeit von einer Minute und zweiunddreißig Sekunden, doch dann riskierte er zu viel und schmiss den Rollstuhl in der engsten Kurve um.

»Marcus«, sagte sein Papa. »Versuch mal zu verstehen! Du kannst nicht mit voller Pulle in die enge Kurve gehen, du musst abbremsen und dann die Kurve nehmen. Ich zeig's dir. Hier ist die Stoppuhr. Pass auf jetzt, damit du es lernst!«

Großvater saß auf dem Rasen und streckte das Bein von sich und schaute zu. Neben ihm saß Mina und kraulte Elsa Gilbertsson, den kleinen Welpen.

»Weißt du noch, wie es angefangen hat?«, fragte Großvater. »Du bist von einem Krokodil gebissen worden und im Kongo Menschenfressern begegnet. Erinnerst du dich?«

»Äh«, sagte Mina, »ich hab doch nur geträumt.«

»Wirklich?«, fragte Großvater.

»Ja, ganz sicher. Ich war doch noch so klein. Das ist doch so lange her.«

Großvater betrachtete sie eine Weile, ohne etwas zu sagen. Draußen auf der Rennbahn näherte sich Mats, der der Sohn von Großvater und ihm deshalb ziemlich ähnlich war, genauso kindisch, pflegte Mats' Frau Ingrid zu sagen. Mats näherte sich der engen Kurve und hatte sich vorgenommen, einen Bahnrekord aufzustellen. Er nahm sie mit hohem Tempo und kippte mit einem Krachen um, überschlug sich, rollte den Abhang hinunter und landete in einer Brennnesselstaude. Man hörte ein schwaches Brüllen. Marcus schaute mit einem strahlenden Lächeln auf seine Stoppuhr und stoppte nicht, aber er sah glücklich aus.

»Ja«, sagte Großvater. »Es ist lange her. Drei Wochen.«

Mina machte sich nicht so viel aus der Rennfahrerei. Sie saß mit dem Rücken zur Rennstrecke und blickte hinauf zum Wald, der ihr nicht mehr bedrohlich und gefährlich vorkam. Sie schloss die Augen und durchquerte in Gedanken den Wald, folgte dem langen Weg zum Basislager eins in der ersten Höhle, stieg den Berg hinauf und kam zu den anderen Höhlen, zur zweiten und zur dritten. Sie dachte an den Bären, der, wie sie jetzt wusste, sicher in der dritten Höhle schlief. Und sie dachte an die Wolfsmutter in der zweiten Höhle, aber vor allem dachte sie an das Wolfsjunge.

Sie glaubte fast sicher zu wissen, was Maja-Rubert gerade tat.

Sie saß bestimmt vor der Höhle und blickte übers Tal und den Wald. Vielleicht sah sie den Rauch von dem Haus in der Ferne und einen Streifen des Sees Vällen und am weitesten entfernt das norwegische Gebirge. Und sie hatte keine Angst mehr. Sie dachte wahrscheinlich an Mina. Sie dachte bestimmt an das, was geschehen war, wie sie von dem Hund Mischa und den Kindern gerettet worden war und in dem Haus geschlafen hatte. Und Mina war sich ganz sicher, dass das Wolfsjunge schreckliche Sehnsucht nach ihr hatte.

So war es, so ging es zu, das war die ganze Geschichte.

»Poetisch mit witzigen Pointen.«

Jörgpeter von Clarenau, *NDR*

144 Seiten. Gebunden. Durchgehend farbig illustriert von Günter Mattei. Farbiges Vorsatzpapier. Ab 9 Jahren

Weil Mama Spätschicht hat und Papa ganz weit weg ist, haben Merle und Moritz eine neue Nachtfrau. Sie heißt Gesine Wolkenstein, hat schmale Lippen und unheimliche Augen, die erst grasgrün sind, dann schwarz und zuletzt hellblau und durchsichtig. Ausgerechnet sie soll die Kinder ins Bett bringen! Doch in den Nächten ist da plötzlich Frau Wolle. Sie regiert das Reich hinter der schwarzen Tür, von dem Papa früher erzählt hat. Dort wohnen die Spitzzahntrolle, die nur in Reimen reden, und der wachsame Waisenfuchs Silberträne. Da gibt es das Lager der verlorenen Sachen und den Saal der Bonabären, da findet man die Gedankenbremse, und wenn es im Weltempfänger rauscht, können Merle und Moritz Papas Stimme hören. Und das tröstet ungemein.

hanser-literaturverlage.de

HANSER

Eine rührende
Enkel-Großvater-Geschichte

Da könnte man doch glatt denken, das Leben auf dem
Land sei stinklangweilig. Stimmt nicht!
In dem kleinen Dorf, in dem Kaspar und Opa wohnen,
ist immer was los.

SPANNENDE ABENTEUER
auf Tante Fridas Insel

ALLE LIEFERBAREN TITEL, INFORMATIONEN UND SPECIALS
FINDEN SIE ONLINE